FRANKFURTER RING
MILBERTSHOFEN
LEOPOLDSTRASSE
PETUEL RING
SCHENKENDORFSTRASSE
ENGLISCHER GARTEN
OBERFÖHRING
E
LUITPOLD-PARK
BELGRADSTRASSE
STÄDT. KRANKENHAUS SCHWABING
LEOPOLDSTRASSE
ISARRING
ISAR
SCHLEISSHEIMER STRASSE
HERZOGSTR.
SCHWABING
KLEIN-HESSELOHER SEE
HERZOG-PARK
EFFNERSTRASSE
ALTER NÖRDLICHER FRIEDHOF
LEOPOLD-PARK
LEOPOLDSTRASSE
ENGLISCHER GARTEN
ISARRING
LUDWIG-MAXIMILIANS-UNIVERSITÄT
D
RICHARD-STRAUSS-STRASSE
A
BOGENHAUSEN
ALTSTADT
HOF-GARTEN
PRINZREGENTENSTRASSE
FRAUENKIRCHE
MAXIMILIAN-ANLAGEN
TÖGINGERSTRASSE
EINSTEINSTRASSE
SENDLINGER TOR
BLUMENSTRASSE
ERHOLUNGS-PARK
MÜLLER'SCHES VOLKSBAD
HYPO-PARK
B
BERG-AM-LAIM-STR.
KREILLERSTRASSE
ORLEANSSTRASSE
HAIDHAUSEN
INNSBRUCKER RING
ALTER SÜDLICHER FRIEDHOF
ISARVORSTADT
KUSTERMANN-PARK
BERG AM LAIM
FRÜHLINGS-ANLAGEN
WITTELSBACHER BRÜCKE
OSTPARK
CANDIDSTRASSE
GIESING
RAMERSDORF
C
FREIZEIT-PARK
CHIEMGAUSTRASSE
STÄNDLERSTRASSE
GRÜNWALDERSTRASSE
TEGERNSEER LANDSTRASSE
0
1,6
3,2 km
1:160 000 - 1 cm = 1600 m

AUSFLUGSZIELE IN DER UMGEBUNG

Staatliche Antikensammlungen, Münchner Stadtmuseum, Bayerisches Nationalmuseum.

Ermäßigungen
Für Kinder, Familien, Studenten und Senioren gelten ermäßigte Eintrittspreise.

Fotografieren
Blitzlicht ist in den Museen verboten, und Fotografieren in Ausstellungen ist ohne Erlaubnis nicht gestattet.

Einkaufen

Einkaufsstraßen
Kaufinger Straße, Neuhauser Straße
Internationale Mode (H&M, Gap, Esprit etc.).
Hohenzollernstraße, Leopoldstraße
Münchner Mode.
Türkenstraße, Amalienstraße, Theresienstraße
Antiquariate, Buchläden und kleine Galerien.
Theatinerstraße, Maffeistraße
Luxusgeschäfte, Juweliere und Feinkostläden.

Kaufhäuser
Karstadt (**E** C3)
→ *Münchner Freiheit*
Galeria Kaufhof
→ *Marienplatz* (**B** D2)
→ *Rotkreuzplatz* (**F** B2)
→ *Karlsplatz* (**F** F4)

Flohmärkte
Antikpalast (**D** C6)
→ *Rosenheimer Straße 143*
Do 14–19, Fr 10–19, Sa 10–18 Uhr
Antiquitätenmarkt in einer großen Halle.
Kunstpark Ost (**D** D6)
→ *Grafinger Straße 6, Do 7–15, Fr–Sa 7–18 Uhr*

München anders erleben

Mit der Straßenbahn
MVG (oder Spurwechsel)
→ *Tel. 21 91 22 68 (oder Tel. 692 46 99)*
Stadtführungen in einer alten Trambahn, Dauer ca. 50 Min. Mehrere Touren pro Tag (ab Sendlinger Tor).

In der Rikscha
Rikscha-Mobil
→ *Tel. 129 48 08*
Hier kann man sich den Wind um die Nase wehen lassen, ohne sich zu langweilen. Die Chauffeure und ihre wendigen gelben Rikschas warten auf dem Marienplatz. Sie kommen auch auf telefonische Bestellung.

Thematische Stadtführungen
Stadtreise München (**C** D2)
→ *Frauenlobstraße 24, Tel. 54 40 42 30*
Die seriöse Agentur vermittelt Stadtführungen zu mehr als 70 verschiedenen Themen: in verschiedene Stadtteile, über Künstler und ihre Zeit, klassische Musik, Bier, Brunnen etc. Siehe Programm.

Ausflüge

In der Stadt
Schloss Nymphenburg
→ *Tägl. 9–18 Uhr (Do bis 20 Uhr)*
Barockschloss (1674), ehemalige Sommerresidenz der bayerischen Könige.
Olympiapark
Park des Olympiageländes, errichtet für die Spiele von 1972 mit Schwimmbad, See und Eislaufbahn.

Im Umland
Schloss Schleißheim
→ *Mit der S-Bahn (Linie S1, Haltestelle Oberschleißheim), Di–So 9–18 Uhr (Okt.–März 10–16 Uhr)*
Das Münchner Versailles mit dem großartigen Neuen Schloss (1726) der Wittelsbacher und zwei kleineren Schlössern (17. und 18. Jh.).
Dachau
→ *Mit der S-Bahn (Linie S2, Haltestelle Dachau), dann Bus 724 oder 726, Di–So 9–17 Uhr*
Ehemaliges Konzentrationslager, heute ein Mahnmal mit Museum.
Starnberger See
→ *Mit der S-Bahn (Linie S6, Haltestelle Starnberg)*
Für einen schönen Tag im Grünen.

Ausflüge nach Oberbayern
Die Königsschlösser Ludwigs II.
→ *100–120 km südlich von München, mit dem Zug München–Füssen, ca. 2 Std.*
Das weltberühmte Märchenschloss Neuschwanstein – und Schloss Linderhof und Hohenschwangau.

DER NATIONAL GEOGRAPHIC WALKER

MÜNCHEN

Willkommen in München!

Die Übersichtskarte zeigt die Lage der sechs großen Stadtbezirke Münchens. Praktische Tipps und Hinweise auf Feste und Ereignisse im Jahresrhythmus bieten zusätzliche Hilfe bei der Reiseplanung.

Die Stadtteile im Überblick

Jedes Kapitel bietet Adressen von Restaurants – geordnet nach Preiskategorien –, Cafés, Bars und Läden sowie eine Auswahl an Sehenswürdigkeiten mit Stern (★), die Sie auf der Stadtteilkarte leicht wiederfinden.

Verkehrsmittel und Hotels in München

Nützliche Informationen zu öffentlichen Verkehrsmitteln sowie eine Auswahl an Hotels, geordnet nach Preiskategorien, ergänzen den Verkehrsnetzplan.

Register

Das Register verzeichnet alle im Führer genannten Straßennamen.

OKTOBERFEST: GUTE STIMMUNG BEIM BIER AN EINFACHEN HOLZTISCHEN

Konzerte und Veranstaltungen, Stände auf den Straßen.

Tollwood-Festival
→ *Drei Wochen lang*
Die Münchner feiern den Sommeranfang im Olympiapark mit Kunst, Tanz, Theater, Zirkus und Gastronomie.

Filmfest
→ *Ende Juni*
Ermäßigte Eintrittspreise in allen Münchner Kinos.

Juli

Opernfestspiele
Opernaufführungen, Ballett, Konzerte.

Klaviersommer
→ *Eine Woche lang*
Jazz und klassische Musik.

Jakobidult
→ *Ende Juli*
Auf dem Mariahilfplatz; Marktstände und Volksfest.

August

Sommerfestival
Gratiskonzerte im Freien im Olympiapark.

September–Oktober

Oktoberfest
→ *Vom vorletzten Wochenende im September bis zum ersten Wochende im Oktober*
Das berühmteste Bierfest der Welt auf der Theresienwiese.

Kirchweihdult
→ *Ende Oktober*
Auf dem Mariahilfplatz; Marktstände und Volksfest.

Dezember

Christkindlmarkt
→ *Vom ersten Advent bis Weihnachten*
Weihnachtsmärkte gibt es in jedem Stadtteil. Auf dem Christkindlmarkt auf dem Marienplatz wird ein riesengroßer Weihnachtsbaum aufgestellt.

Tollwood-Festival
Die Winterausgabe des beliebten Festivals findet auf der Theresienwiese statt.

Öffnungszeiten

Banken
Mo–Fr 8.30–16 Uhr (teilweise bis 17 Uhr)

Geschäfte
Im Allgemeinen Mo–Fr 9–20, Sa 9–16 Uhr (an den vier Samstagen vor Weihnachten bis 18 Uhr)

Museen
Meist von 10 bis 18 Uhr (Do bis 20 Uhr), montags geschlossen.
Jedes Jahr im Oktober gibt es die »Lange Nacht der Museen« (19–2 Uhr).

Essenszeiten
Mittagessen etwa 12–13 Uhr und Abendessen zwischen 19 und 21 Uhr.

Öffnungszeiten
Die meisten Cafés haben bis etwa 1 Uhr nachts geöffnet. Einige Bars schließen um 3 Uhr früh, vor allem am Wochenende. Diskotheken haben ab 22–23 Uhr bis in die Morgenstunden Betrieb.

Essen und Trinken

Bäckereien
Viele Bäckerei-Ketten wie Müller haben eine große

Oktoberfest: Das Fest des Bieres

Seit 1810 wird hier eines der größten Volksfeste der Welt gefeiert: mit 6 Mio. Besuchern, 650 000 Bratwürsten und 5 Mio. Liter Bier! Nach dem traditionellen Einmarsch und der Eröffnungsfeier herrscht 16 Tage lang Volksfeststimmung auf der Theresienwiese (**C** B1), die von einem Wahrzeichen des Oktoberfestes, einem großen Riesenrad, überragt wird. In den 12 gewaltigen Bierzelten der großen alten Münchner Brauereien (Augustiner, Hacker-Pschorr, Hofbräu, Spaten, Löwenbräu und Paulaner) drängen sich bis zu 100 000 Menschen. Hier gibt es das Bier nur in Maßkrügen, die jeweils einen ganzen Liter fassen! Die Münchner kommen in ihren schönsten bayerischen Trachten, prosten den Touristen aus aller Welt mit erhobenen Krügen zu und singen lautstark ihr traditionelles Lied: *»Ein Prosit, ein Prosit...«*

Die Biergärten

Die Biergärten sind für die Münchner das Paradies auf Erden. Hier sitzt man unter mächtigen schattigen Kastanien an großen Tischen und trinkt mit Freunden ein Helles oder ein Dunkles (Bier), das man sich an der Selbstbedienungstheke geholt hat. In vielen Biergärten darf man auch seine eigene Brotzeit mitbringen und verzehren.

Fakten

- Landeshauptstadt Bayerns, drittgrößte Stadt Deutschlands und wichtiger Wirtschaftsstandort
- 1 298 000 Einwohner
- 3,7 Mio. Touristen pro Jahr
- Kontinentales Klima: warme Sommer (23 °C), kalte Winter (1 °C)
- 550 m Meereshöhe
- Die Isar teilt die Stadt in zwei Hälften.

»Grüss Gott !«

Üblicher Gruß in Bayern und München (wörtlich: »Gott grüße dich«, »Gott segne dich«.).

MARKANTE ORIENTIERUNGSPUNKTE UND STADTVIERTEL

Information

Münchner Fremdenverkehrsamt
Telefonzentrale
→ *Tel. 233 03 00, Mo–Do 9–15, Fr 9–12.30 Uhr*
Hauptbahnhof (**F** E4)
→ *Mo–Sa 9–20, So 10–18 Uhr*
Marienplatz (**A** D4)
→ *Mo–Fr 10–20, Sa 10–16 Uhr*

Internet

München online
→ *www.muenchen-tourist.de*
Website des Münchner Fremdenverkehrsamtes. Sehr ausführlich.
→ *www.munich-online.de*
Kulturelle Veranstaltungen (Musik, Kino, Theater) und Sport.
→ *www.munich-info.de*
Infos über die Stadt.
Internetcafés
EasyInternetCafé (**F** E4)
→ *Bahnhofplatz 1, tägl. rund um die Uhr geöffnet*
Gegenüber vom Hauptbahnhof, mehr als 400 PCs. Sehr günstig, vor allem nachts und vormittags.
CyberIce-Café
→ *Sendlinger-Tor-Platz 5* (**B** A3), *Tel. 18 91 22 20, tägl. 10–1 Uhr*
→ *Feilitzschstraße 15* (**E** C3), *Tel. 34 07 69 55, tägl. 10–1 Uhr*
Hier kann man surfen und einen erfrischenden Eiskaffee trinken.

Telefonieren

Vorwahl
Aus dem Ausland
00 + 49 (Vorwahl für Deutschland) + 89 (Vorwahl von München) + Nummer des Teilnehmers
In Deutschland
089 + Nummer des Teilnehmers

Wichtige Rufnummern
Polizei
→ *110*
Feuerwehr
→ *112*
Notarzt
→ *19 222*
Krankenwagen
→ *19 222*
Apotheken-Notdienst
→ *59 44 75*
Telefonauskunft
→ *National: 118 33*
→ *International: 118 34*
Fundbüro:
→ *97 52 13 70*

Festkalender

Januar–Februar
Fasching
→ *Von Dreikönig bis Aschermittwoch*
Der Münchner Fasching mit unzähligen Bällen und kleineren Umzügen endet am Aschermittwoch mit dem Tanz der Marktweiber auf dem Viktualienmarkt.
März
Starkbierzeit
→ *Beginnt um den 19. März, dauert zwei Wochen*
Fest des Märzen-Bieres und Auftakt der Starkbier-Zeit, die früher dazu diente, dass die Mönche die Fastenzeit mit flüssiger Nahrung überstehen konnten.
April–Mai
Auer Dult
→ *Ende April bis Anfang Mai, 8 Tage*
Auf dem Mariahilfplatz mit Ständen, Jahrmarkt und Volksfest.
Maibock
→ *1. Mai*
Bierfeste mit Maibock (Frühjahrs-Starkbier). In vielen bayerischen Orten wird auf dem Hauptplatz ein Maibaum aufgestellt.
Juni
Stadtgründungsfest
→ *2. Wochenende im Juni*
Jahrestag der Stadtgründung. Zwei Tage lang

Willkommen in München!

A Altstadt / Marienplatz / Residenz

B Altstadt / Viktualienmarkt / Peterskirche

C Glockenbach / Theresienwiese / Au

D Haidhausen / Lehel / Bogenhausen

E Schwabing / Englischer Garten

F Maxvorstadt / Neuhausen

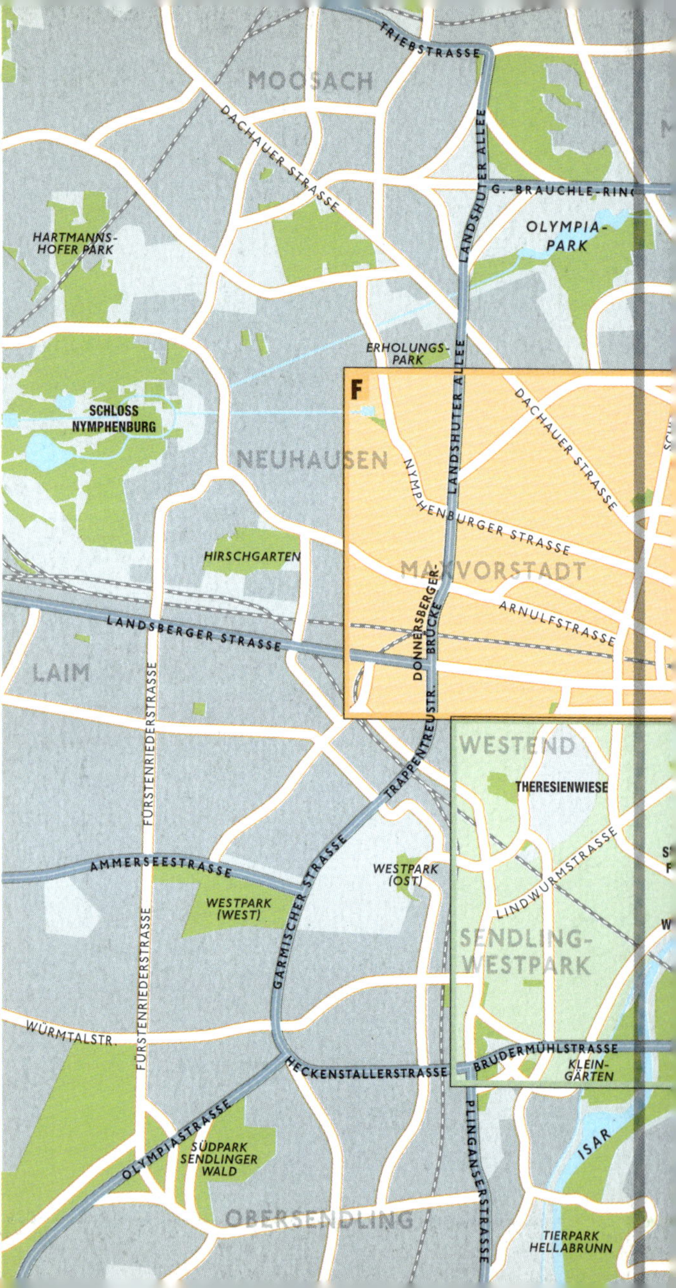

Münchner Stile

Rokoko (18. Jh.)
Ausufernde Form des Barock. Cuvilliés und die Brüder Asam.
Asamkirche (B B2)
Neoklassizismus (19. Jh.)
Von der Antike beeinflusster Stil. Vor allem Leo von Klenze.
Glyptothek (F F3)
Jugendstil (Anf. 20. Jh.)
Deutsche Ausprägung des Art nouveau. Vorreiter: Franz von Stuck.
Villa Stuck (D C2)
Der Blaue Reiter
Vorläufer der Abstrakten Kunst, 1911 begründet von Kandinsky und Franz Marc.
Lenbachhaus (F E3)

MARIENPLATZ

SCHLOSS NYMPHENBURG

SCHLOSSKANAL

Auswahl an süßen Gebäckteilen, die man im Stehausschank mit einer Tasse Kaffee zum Frühstück verzehren kann.

Kneipen/Bistros
Auch in Kneipen kann man nicht selten ein Frühstück bekommen. Am Wochenende wird häufig ein Brunch angeboten. Ansonsten stehen neben den Getränken Omelettes und Salate und andere kleinere Gerichte auf der Speisekarte.

Imbiss
An Marktständen, in kleinen Läden und in Feinkostgeschäften findet man oft Imbissstände, an denen man den ganzen Tag über kleine Gerichte wie Pizzas, Kebabs, Brotzeitteller oder einfache warme Gerichte essen kann. Die meisten findet man am Wedekindplatz, unter dem Karlsplatz und auf dem Viktualienmarkt.

Brotzeit
Die »Zeit für Brot« ist für einen Bayern jederzeit, aber meist morgens zwischen 10 und 11 Uhr, entweder an einem Imbissstand oder gleich im Biergarten: Eine Wurst, eine frische Brez'n und ein Bier schmecken immer.

Restaurants
Bayerische Gerichte schmecken in einem traditionellen Wirtshaus oder Gasthaus besonders gut. Man sitzt an großen Holztischen.
In den klassischen Restaurants erhält man einheimische und internationale Gerichte, einfach oder raffiniert zubereitet, oder mehr oder weniger exotisch (französisch, indisch, asiatisch, italienisch, türkisch etc.). Da die meisten Restaurants abends voll sind, sollte man nach Möglichkeit vorher reservieren. Besonders preiswert ist übrigens oft das Mittagessen, wenn man eines der günstigen Tagesmenüs wählt.

Trinkgeld
Der Service ist immer im Preis enthalten, aber es ist Brauch, den Rechnungsbetrag um 10 bis 15% aufzurunden und das Geld direkt der Bedienung zu geben.

Ausgehen

Es gibt nur wenige Nachtclubs, aber viele Cafés und Bars, in denen meist DJs Musik machen. Diskotheken sind vor allem am Wochenende voll (Eintritt ca. 8 €, meist jedoch kostenlos). An manchen Wochentagen öffnen sie gegen 18 Uhr für Partys nach der Arbeit.

Konzerte und Veranstaltungen

Programme
München im...
Monatsprogramm, erhältlich beim Fremdenverkehrsamt, in Kiosken und Buchhandlungen, mit allen kulturellen Veranstaltungen und allen Adressen (1,55 €).
In München
Gratis-Magazin, erscheint alle zwei Monate, liegt in Cafés aus: Programm mit allen Konzerten, Ausstellungen, Theateraufführungen etc.

Eintrittskarten
München ticket
→ *Tel. 54 81 81 81,*
Mo–Fr 9–20, Sa 9–16 Uhr
www.muenchenticket.de
Der Schalter befindet sich im Fremdenverkehrsamt auf dem Marienplatz. Hier erhält man Eintrittskarten für alle Veranstaltungen in der Stadt.

Museen

Gratis
Einige Museen haben sonntags freien Eintritt: Pinakothek der Moderne, Neue und Alte Pinakothek, Staatliches Museum für Völkerkunde, Glyptothek,

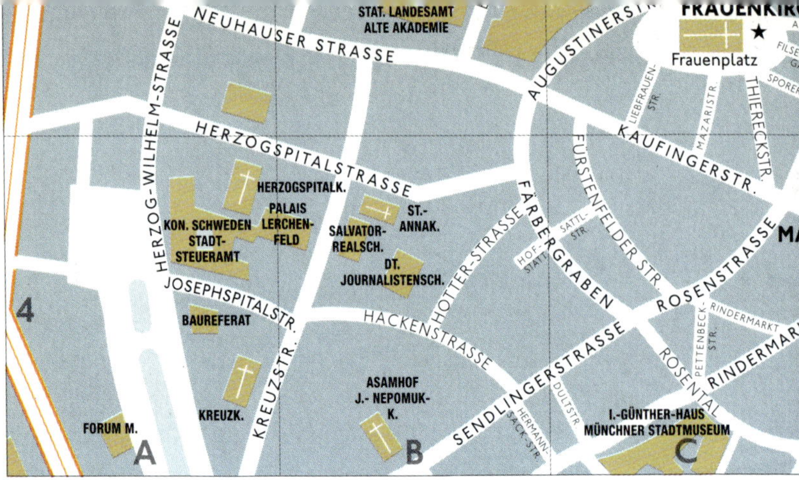

HOFGARTEN

SIEMENSFORUM

★ **Marienplatz** (**A** D4)
Das historische Zentrum der Stadt. Hier findet auch der berühmte »Christkindlmarkt« vor Weihnachten statt. Mitten auf dem Platz steht die Mariensäule mit der Statue der Muttergottes, die 1638 errichtet wurde, um ein Gelübde zu erfüllen, weil die Stadt vor dem Einfall der Schweden bewahrt wurde. Im Fischbrunnen wurden früher an Markttagen die lebenden Fische aufbewahrt.

★ **Neues Rathaus** (**A** D4)
→ *Marienplatz, Tel. 233 00, Turm im Sommer Mo–Fr 9–19, Sa–So 10–19 Uhr, im Winter Mo–Do 9–16 Uhr, Fr bis 13 Uhr*
Das neogotische Neue Rathaus beherrscht den Marienplatz. Die Bauzeit betrug nicht weniger als 42 Jahre (von 1867 bis 1909). Täglich um 11 Uhr, im Sommer auch um 12 und um 17 Uhr tanzen die Figuren des Glockenspiels Szenen aus der Münchner Stadtgeschichte: Mit dem Schäfflertanz wird das Ende der Pest im Jahr 1634 gefeiert. Vom 85 m hohen Rathausturm hat man einen herrlichen Blick auf die Stadt.

★ **Altes Rathaus** (**A** D4)
→ *Marienplatz, Tel. 29 40 01, Museum tägl. 10–17.30 Uhr*
An der Ostecke des Marienplatzes steht das Alte Rathaus der Stadt, ein schönes gotisches Gebäude vom Ende des 15. Jh. Heute beherbergt es ein Spielzeugmuseum, u. a. mit Autos und alten Plüschbären.

★ **Nationaltheater** (**A** E3)
→ *Max-Joseph-Platz 1, Tel. 21 85 19 20, Führungen: 14 Uhr (nur an bestimmten Tagen), Karten: Mo–Fr 10–18 Uhr, Sa bis 13 Uhr*
Das imposante Gebäude des Nationaltheaters und der Bayerischen Staatsoper wurde im 19. Jh. im klassizistischen Stil errichtet. Hier kann man Konzerte, Opern und Ballettaufführungen von internationalem Niveau sehen und hören.

★ **Residenz** (**A** E2)
→ *Max-Joseph-Platz 3, Tel. 29 06 71, im Sommer tägl. 9–18, Do bis 20 Uhr, im Winter 10–16 Uhr*
Die Residenz der Herzöge und Könige von Bayern vo 1508 bis 1918 ist ein riesige Komplex unterschiedlichs ter Architekturstile und Ausdruck der Jahrhundert anhaltenden Bauwut der Dynastie der Wittelsbache Zu den Höhepunkten zählen das Antiquarium, ein Ballsaal der Renaissance mit einem herrlich bemalten Tonnengewölbe mit Stichkappen, das Cuvillié theater, ein Rokokotheate im italienischen Stil, und

MARIENPLATZ

NEUES RATHAUS

ALTES RATHAUS / SPIELZEUGM

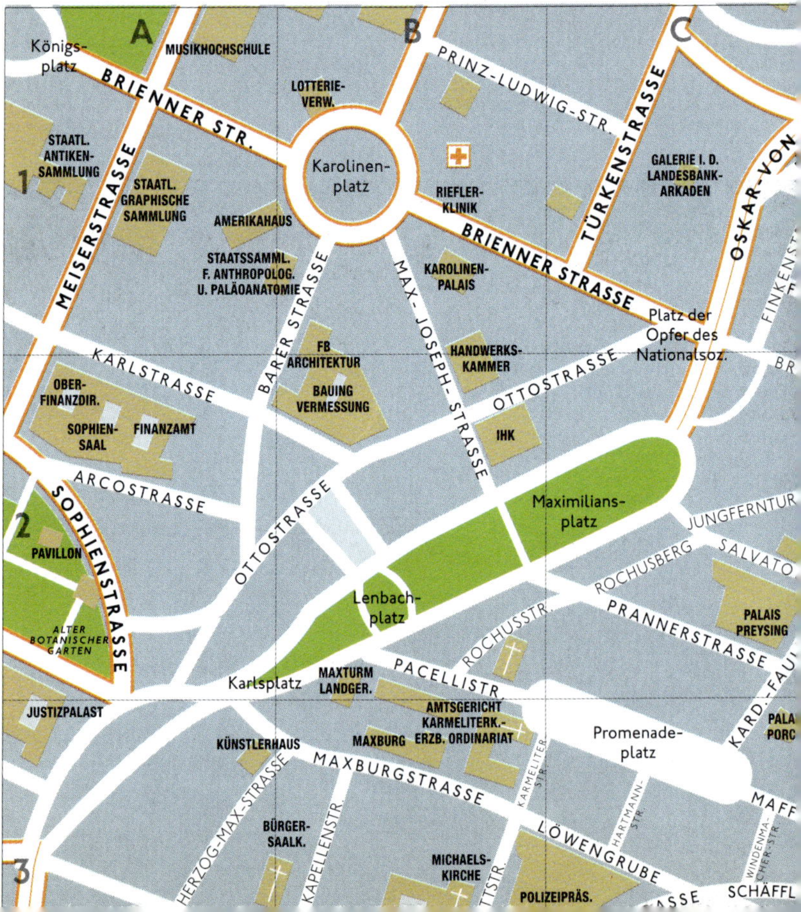

Am Marienplatz, dem alten Herzen der Stadt, kreuzten sich einst die Wege der Salzhändler. Heute ist der Marienplatz der Lieblingsort der Touristen und Spaziergänger. In der Fußgängerzone der Altstadt stehen zwischen den großen Kaufhäusern die barocken Paläste aus der guten alten Zeit. Rund um die Residenz der Wittelsbacher am Odeonsplatz findet man viele elegante Boutiquen und Cafés. Weiter östlich, in den belebten mittelalterlichen Gassen, kann man aus dem legendären Hofbräuhaus laute Bierseligkeit und bayerische Blasmusik hören. Die Frauenkirche mit ihren zwei markanten Zwiebeltürmen überragt majestätisch das historische Stadtzentrum.

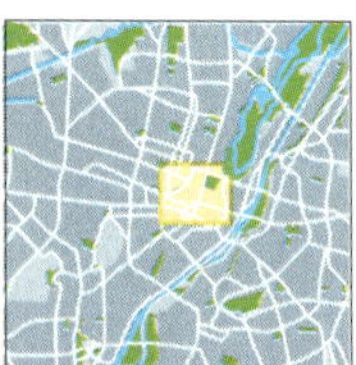

HOFBRÄUHAUS

ANDECHSER AM DOM

RESTAURANTS

Hofbräuhaus (**A** E4)
→ *Platzl 9, Tel. 290 13 60, tägl. 9–24 Uhr*
Die wohl berühmteste Brauerei der Stadt wurde 1589 gegründet – damals wurde ausschließlich für die Herrschaft gebraut! Unter hohen Gewölben sitzt man an rustikalen Holztischen und lauscht bayerischer Blasmusik. Zu essen gibt es typisch Bayerisches. Gerichte 7–13 €.

Shoya (**A** E4)
→ *Orlandostraße 5, Tel. 29 27 72, tägl. 10.30–23 Uhr*
Das winzig kleine japanische Restaurant liegt in der belebten Orlandostraße. Zwischen zwei Brezen kann man zur Abwechslung Sushi, Sashimis und köstliche Suppen genießen. Menüs 10,50–13 €.

Andechser am Dom (**A** C3)
→ *Weinstraße 7, Tel. 29 84 81, tägl. 10–1 Uhr*
In dieser alten Wirtschaft hinter der Frauenkirche bekommt man köstliche Würste und ganz frischen Leberkäse. Der Andechser Gourmetteller mit lauter einheimischen Spezialitäten ist ein wahrer Gaumenschmaus! Dazu trinkt man ein echtes Andechser Bier, das im berühmten Kloster gebraut wird. Gerichte 8–14,50 €.

Spatenhaus an der Oper (**A** D3)
→ *Residenzstraße 12, Tel. 290 70 60, tägl. 9.30–0.30 Uhr*
In diesem Restaurant des alten und berühmten Münchner Brauhauses Spaten erhält man üppige Portionen ausgezeichneter bayerischer Spezialitäten wie Spanferkel oder Schweinebraten mit Knödeln (Brot-, Semmel- oder Kartoffelknödel). Gerichte 13–19 €.

Eisbach (**A** E3)
→ *Marstallplatz 3, Tel. 22 80 16 80, tägl. 19–1 Uhr*
Große Fenster, Ledersessel und ein vornehmes Ambiente für die gehobene Gesellschaft. Raffinierte und innovative Gerichte. Mittagsmenü 9,50 €, Gerichte 13–20 €.

Käfer's am Hofgarten (**A** D1)
→ *Odeonsplatz 6/7, Tel. 290 75 30, tägl. 9–1, Fr–Sa 9–2 Uhr*
Das Restaurant gehört Michael Käfer, dem Sohn des berühmten Delikatessengeschäfts-Inhabers Gerd Käfer. Die Wände

AMBOSI

LODEN-FREY

DALLMAYR

zieren alte Plakate und Fotografien des Eiffelturms. Hervorragende Küche mit bayerischen Spezialitäten, die französisch verfeinert werden. Meist brechend voll, vornehmes Publikum. Französische Käsesorten und viele Brotsorten. Gerichte 14–23 €.

Cafés, Bars, Nachtclubs

Café Glockenspiel (**A** D4)
→ *Marienplatz 28, Tel. 26 42 56, tägl. 10–1 Uhr*
Im 5. Stock eines Hauses direkt am Marienplatz. An der Nordseite hat man einen herrlichen Blick auf das Neue Rathaus, an der Rückseite gibt es eine gemütliche Dachterrasse mit Blick über die Stadt.

Dukatz im Literaturhaus (**A** D2)
→ *Salvatorplatz 1, Tel. 291 96 00, tägl. 10–1, So bis 18 Uhr*
Zu Münchens bekanntem Literaturhaus gehören u.a. eine Kunstgalerie, eine Buchhandlung und dieses ganz in Weiß eingerichtete Literaturcafé mit hohen Gewölben, in dem sich die Münchner Intellektuellen treffen. Deutsche und internationale Zeitungen.

Tambosi (**A** D1)
→ *Odeonsplatz 18, Tel. 22 47 68, tägl. 9–1 Uhr*
Hier findet jeder seinen Lieblingsplatz, um das beliebte heiße Getränk, einen Latte macchiato, zu trinken – ob im intimen Mezzaningeschoss mit Stühlen aus der Zeit Ludwigs XIV., auf der Terrasse auf dem Odeonsplatz oder an den kleinen Tischen im Hofgarten.

Café Di Roma (**A** F3)
→ *Maximilianstraße 31, Tel. 22 74 35, tägl. 8–3 Uhr*
In diesem In-Café, das der Schauspielerin Iris Berben gehört, trifft sich die Münchner Bussi-Gesellschaft zum Sehen und Gesehen-Werden.

Bar Centrale (**A** E4)
→ *Ledererstraße 23, Tel. 22 37 62, Mo–Sa 8–1, So 8–24 Uhr*
Eine einfache italienische Bar, abends immer voll und laut. Im gemütlichen Hinterzimmer wird bis spät in die Nacht meist fröhlich diskutiert.

P1 (**A** F1)
→ *Prinzregentenstraße 1, Tel. 29 42 52, tägl. 23–5 Uhr*
Die bekannteste Diskothek Münchens liegt im Keller des Hauses der Kunst. Ihre reichen und berühmten Besucher fahren meist in Nobelkarossen vor. Am Eingang wird ausgewählt, wer die heiligen Hallen betreten darf: ein exklusives Spektakel.

Einkaufen

Loden-Frey (**A** C3)
→ *Maffeistraße 7, Tel. 21 03 90, Mo–Mi 9.30–19, Do–Fr 9.30–20, Sa 9.30–16 Uhr*
Die Firma Loden-Frey existiert seit 1842. Im Hauptgeschäft kann man auf 6 Etagen Mode aller Stilrichtungen und im 3. Stock die berühmten bayerischen Trachtenmoden, die Dirndl, Lederhosen und Lodenmäntel aus der eigenen Fertigung kaufen.

Ludwig Beck (**A** D4)
→ *Marienplatz 7, Tel. 23 69 10, Mo–Fr 10–20, Sa 9.30–16 Uhr*
Ein extravagantes Kaufhaus mit 6 Etagen. Hier findet man Kleidung für jeden Geschmack und Geldbeutel. Im obersten Stockwerk gibt es eine hervorragend sortierte Musikabteilung.

Dallmayr (**A** D3)
→ *Dienerstraße 14/15, Tel. 213 50, Mo–Mi 9.30–19, Do–Fr 9.30–20, Sa 9–16 Uhr*
Das wohl berühmteste Feinkostgeschäft Münchens mit Delikatessen aus der ganzen Welt: Käse, exotischen Früchten, Wurstwaren, Kaffeesorten, Tee, Wein, Schokolade, Zigarren. Geschmackvoll arrangiert und präsentiert.

Elly Seidl (**A** D3)
→ *Maffeistraße 1, Tel. 22 44 34, Mo–Fr 9–18.30, Sa 9.30–16 Uhr (Juni–Aug. bis 14 Uhr)*
Seit 1918 kann man hier die besten Pralinen kaufen. In diesem altmodischen Laden findet man eine große Auswahl an süßen Köstlichkeiten.

Fünf Höfe (**A** D3)
→ *Eingang Theatinerstraße*
Ein vornehmes Einkaufszentrum mit 5 Passagen und 35 Luxusgeschäften auf 8000 m², darunter das Beauty Spy mit seinen exklusiven Kosmetikprodukten.

Maximilianstraße (**A** E3)
Die wohl eleganteste Straße Münchens mit Luxusboutiquen und Haute Couture.

Rudolph Moshammer
→ *Maximilianstraße 14, Tel. 22 29 84, Mo–Do 10–18, Fr 10–19, Sa 10–16 Uhr*
Der extravagante Modeschöpfer verkauft seine Kreationen selbst – immer in Begleitung seines Hundes Daisy.

NATIONALTHEATER

RESIDENZ

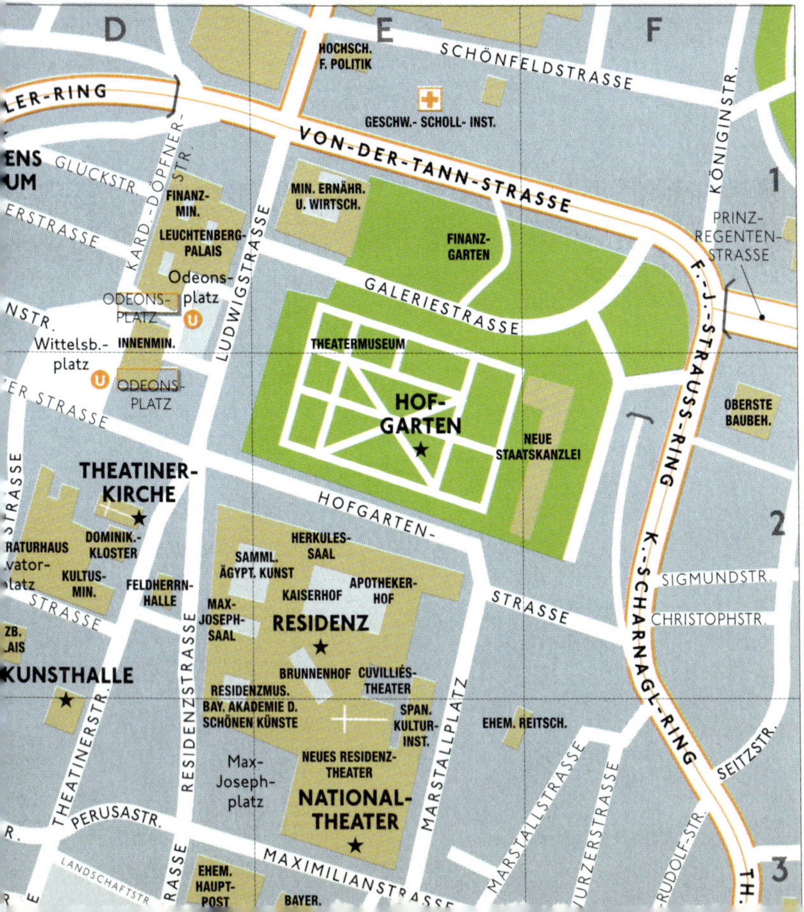

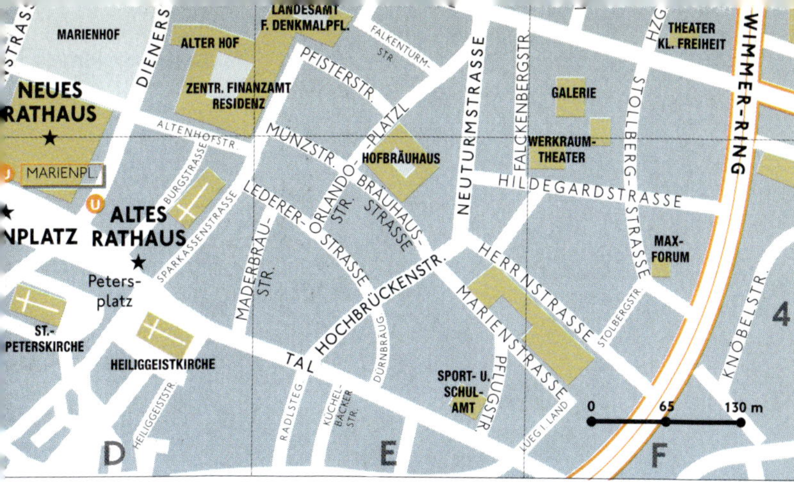

EATINERKIRCHE

KUNSTHALLE

FRAUENKIRCHE

e Appartements, riesige mmerfluchten in unterchiedlichen Stilrichtungen. den Räumen der Resienz befinden sich auch e Schatzkammer mit den ertvollen Kroninsignien nd die Staatliche Sammng Ägyptischer Kunst.

Hofgarten (**A** E2)
e alten königlichen Gärn im französischen Stil egen nördlich der Resienz. Unter den Arkaden, e den Hofgarten im Noren und Westen umrahen, kann man die Fresken it historischen Szenen is der Geschichte Bayerns nd der Wittelsbacher stueren. Tagsüber ist der Hofgarten mit seinen Rasenflächen, Bänken und seinen Cafés ein beliebter Rastplatz für die Münchner. Abends tummeln sich hier die Kaninchen.

★ **SiemensForum** (**A** D1)
→ *Oskar-von-Miller-Ring 20, Tel. 63 63 26 60, So–Fr 10–17 Uhr (am 1. Di im Monat bis 21 Uhr)*
Hier kann man in die Welt der Elektronik und der Telekommunikation eintauchen, angefangen von den ersten Telegrafen bis hin zu den neuesten Errungenschaften der Elektronik. Ein interaktives Museum und gleichzeitig eine Selbstdarstellung der Firma Siemens.

★ **Theatinerkirche** (**A** D2)
→ *Theatinerstraße 22, Tel. 210 69 60, tägl. 9–19 Uhr*
Eine schöne Barockkirche aus dem 17. Jh. Ihre italienischen Stilelemente verdankt sie den italienischen Architekten Barelli und Zucchalli, ihre Rokokofassade schuf der Franzose Cuvilliés. Außen wirkt die ockergelbe Kirche ganz italienisch, innen ist sie barock in weißen Farben gehalten.

★ **Kunsthalle der Hypo-Kulturstiftung** (**A** D2)
→ *Theatinerstraße 8, Tel. 22 44 12, tägl. 10–20 Uhr*
Seit 1985 ist die Kunsthalle eine feste Institution im kulturellen Leben Münchens. Vier- bis fünfmal im Jahr werden hier große, viel beachtete Kunstausstellungen veranstaltet.

★ **Frauenkirche** (**A** C3)
→ *Frauenplatz 1, Tel. 290 08 20, Kirche tägl. 8–19 Uhr, Kuppel Mo–Sa 10–17 Uhr, Nov.–März geschl.*
Mit ihren zwei Zwiebeltürmen, die die Altstadt überragen, ist die Frauenkirche eines der wichtigsten Symbole und Wahrzeichen Münchens. Diese riesige gotische Kirche (109 m lang und 98 m hoch) wirkt karg und streng mit ihren roten Ziegelmauern und dem schmucklosen Kirchenschiff.

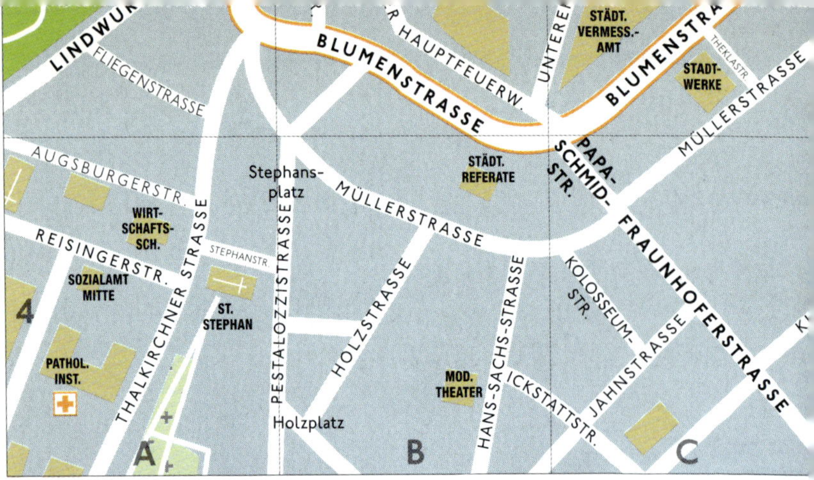

MÜNCHNER STADTMUSEUM

SENDLINGER TOR

ASAMKIRCHE

★ **Peterskirche** (**B** D2)
→ *Rindermarkt 1, Tel. 260 48 28, Kirche 8–19 Uhr, Führungen Mo–Fr 9–19 Uhr (im Winter bis 18 Uhr), Wochenende 10–19 Uhr (im Winter bis 18 Uhr)*
Der »Alte Peter«, wie er im Volksmund genannt wird, ist die älteste Kirche Münchens. Im 12. Jh., noch vor der Stadtgründung, entstand hier die erste Kirche, die mehrfach wiederaufgebaut werden musste und im 17. Jh. barockisiert wurde. Vom 91 m hohen Turm aus hat man einen tollen Blick auf die Altstadt – wenn man die 306 Stufen hinauf bezwungen hat!

★ **Viktualienmarkt** (**B** D2)
Mo–Sa 7 bis ca. 19 Uhr
Der »Markt für Lebensmittel« liegt mitten in der Stadt und ist ein wahres Fest für die Sinne: Hier findet man alle möglichen Brotsorten, Wurst, Wein, Käse, Blumen, Obst und Gemüse aus allen erdenklichen Ländern. Und mittendrin unter schönen alten Kastanien gibt es natürlich einen Biergarten.

★ **Heiliggeistkirche** (**B** E2)
→ *Tal 77, Tel. 22 44 02, tägl. 8–19 Uhr*
Diese gotische Kirche aus dem 14. Jh. wurde im 17. Jh. barockisiert und erhielt einen typisch bayerischen Zwiebelturm. Die üppige Dekoration im Inneren in Weiß, Rosa und hellem Gelb stammt von den Asam-Brüdern und gilt als eines der schönsten Beispiele des bayerischen Barocks.

★ **ZAM (Zentrum für Außergewöhnliche Museen)** (**B** E2)
→ *Westenriederstraße 41, Tel. 290 41 21, tägl. 10–18 Uhr*
In diesem Zentrum findet man mehrere kleine Museen mit außergewöhnlichen Sammelobjekten vereint: Alles Mögliche über die Kaiserin Elisabeth, über Tretautos, über Osterhasen, über Nachttöpfe und Parfumflakons.

★ **Valentin-Musäum** (**B** F2)
→ *Isartor, Tel. 22 32 66, Fr–Mo 11.01–17.29 Uhr, So ab 10.01 Uhr*
Allein schon die Öffnungszeiten und die Eintrittspreise (199 Cent, freier Eintritt für alle, die älter als 99 Jahre sind und von ihren Eltern begleitet werden) verraten den Geist des Hauses, der von Karl Valentin und seiner Partnerin Liesl Karlstadt, beliebten Komikern der 20er Jahre, geprägt ist.

★ **Münchner Stadtmuseum** (**B** C2)
→ *St.-Jakobs-Platz 1, Tel. 23 32 23 70, Di–So 10–18 Uhr*

PETERSKIRCHE

VIKTUALIENMARKT

HEILIGGEISTKIRCHE

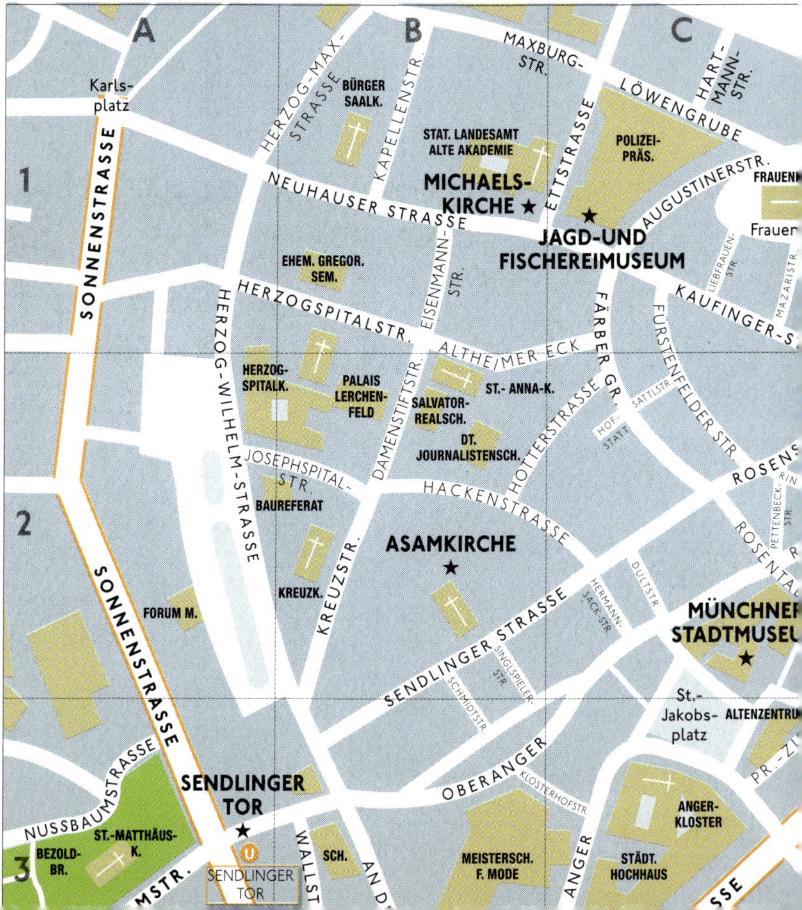

Rund um den traditionellen Maibaum stehen seit Anfang des 19. Jh. die Stände des Viktualienmarkts, wo immer ein reges Markttreiben herrscht. Vom Turm der nahe gelegenen Peterskirche aus kann man bis zu den Alpen sehen, sofern der Föhn die Wolken weggeblasen hat. Die südliche Altstadt, früher das Wohnviertel der kleinen Leute, erstreckt sich zwischen der Sendlinger Straße und dem verkehrsreichen Ring, der sich heute an der ehemaligen Stadtmauer entlangzieht. Hier lebt man ruhiger und gemütlicher als in den herrschaftlichen Straßen im Norden der Altstadt.

VIKTUALIENMARKT

STADTCAFÉ

RESTAURANTS

Viktualienmarkt (**B** D2)
→ *Mo–Sa 7 bis ca.19 Uhr*
Der schönste Ort der Stadt für eine kleine Mahlzeit: Auf dem Markt gibt es Imbissbuden und kleine Geschäfte. Kräftige Suppen bekommt man in der Münchner Suppenküche (2,20–4,45 €), dazu schmeckt eine Brez'n. Kleine Gerichte und ein Glas guten Weißwein erhält man im Poseidon, einem Laden mit Fischen und Meeresfrüchten.

Zum Alten Markt (**B** E2)
→ *Dreifaltigkeitsplatz 3, Tel. 29 99 95, Mo–Sa 11–24 Uhr*
Im gemütlichen Ambiente bekommt man hier ausgezeichnete bayerische Küche und schmackhaft zubereiteten Süßwasserfisch. Ruhige Terrasse, nur ein paar Meter vom Viktualienmarkt entfernt. Gerichte 7,80–14,90 €

Prinz Myshkin (**B** C2)
→ *Hackenstraße 2, Tel. 26 55 96, tägl. 11–0.30 Uhr*
Beliebtes vegetarisches Restaurant in einem großen, hellen Raum. Frisch und gesund sind alle Gerichte, die hier mit italienischem, indischem oder asiatischem Einschlag zubereitet werden. Als Nachspeise ist das Wellness zu empfehlen, ein Eisbecher mit Joghurt und exotischen Früchten. Gerichte 8–14,50 €.

YUM (**B** D3)
→ *Utzschneiderstraße 6, Tel. 23 23 06 60, tägl. 18–1 Uhr*
In der dunklen, fast mystischen Atmosphäre dieses Lokals kann man die thailändischen Spezialitäten wohl noch besser genießen. Auf der Karte stehen 6 bis 7 Gerichte mit Ente, darunter die Ente Satay Gai und die Hühnchenspieße mit Erdnusssauce, die man sich am Tisch selbst braten kann. Gerichte 8,50–17 €.

Hiscox Art (**B** B3)
→ *Oberanger 28, Tel. 23 23 64 90, Mo–Do 8.30–1, Fr 8.30–3, Sa 10–3, So 10–1 Uhr*
In der Küche kocht man Speisen aus aller Herren Länder – mit orientalischen, amerikanischen und asiatischen Einflüssen. Hier stellen junge Künstler ihre Werke aus. Mittagsmenü 8,50 €, Gerichte 16,50–20,50 €.

Landersdorfer & Innerhofer (**B** B2)
→ *Hackenstraße 6/8, Tel. 26 01 86 37, Mo–Fr 11.30–14, 18.30–1 Uhr*

PADRES

STIERBLUT

TEA HOUSE

Die Kellner verraten das Menü, das der Küchenchef je nach Lust und Laune und Marktangebot zubereitet hat. Raffinierte Gerichte und ausgezeichneter Service. Einheits-Abendmenü 44 €, Mittagsmenü 15 €.

Cafés

Café Frischhut-Schmalznudel (**B** D2)
→ *Prälat-Zistl-Straße 8, Tel. 26 82 37, Mo–Sa 5–17 Uhr*
Sympathisches Teehaus, das schon früh morgens offen hat. Ideal für Nachtschwärmer. Die Spezialitäten des Schmalznudel sind warmes Gebäck, das mit einem Haferl Kaffee verzehrt wird.

StadtCafé (**B** C2)
→ *St.-Jakobs-Platz 1, Tel. 26 69 49, tägl. 11–24, Fr–Sa bis 1 Uhr*
Hier kann man stundenlang sitzen und sich gut unterhalten. Das Café ist immer voll. Da der Kino-Club gleich daneben liegt, verkehren hier viele Filmenthusiasten. Das Café besitzt zwei schöne Terrassen.

Café Villanis (**B** B2)
→ *Kreuzstraße 3b, Tel. 260 79 72, Mo–Sa 10–1, So 11–1 Uhr*
Im Asamhof findet man viele Cafés. Im altmodisch ausgestatteten Villanis verkehrt hauptsächlich homosexuelles Publikum.

Bars

Harpers & Queens (**B** B2)
→ *Sendlinger Straße 46, Tel. 26 94 95 60, tägl. 10–1, Fr–Sa bis 3 Uhr*
Designbar, die meist sehr voll ist. Am Montag gibt es die Happy Hours von 18 bis 1 Uhr, am Dienstag hört man Soul & Funk, am Donnerstag Unplugged. Freitag und Samstagabend machen DJs Musik.

Sausalitos (**B** E2)
→ *Tal 16, Tel. 24 29 54 94, tägl. 8–1 Uhr*
In dieser »Cantina y bar mexicano« trifft sich die Münchner Jugend. Hier trinkt man einen Krug Margarita oder andere Getränke auf Tequila-Basis. Für den kleinen Hunger gibt es Fajitas, Quesadillas und Tacos.

Padres (**B** C3)
→ *Blumenstraße 43, Tel. 26 42 63, tägl. 19–3, Fr–Sa bis 4 Uhr*
Am Wochenende bekommt man hier kaum Platz. Auf der langen Liste der Cocktails steht auch die Kreation des Barkeepers, Marc's Totem.

Einkaufen

Italian Stock House (**B** B2)
→ *Sendlinger Straße 54, Tel. 26 02 33 50, Mo und Fr 10–19, Di–Do 10–20, Sa 10–16 Uhr*
Hochwertige italienische Mode, Designerware und zwischendrin auch wahre Schnäppchen. Aus älteren italienischen Kollektionen stammen die Schuhe und viele Prêt-à-porter-Modelle.

Stierblut (**B** B2)
→ *Sendlinger Straße 37, Tel. 26 45 00, Mo–Fr 10–20, Sa 10–16 Uhr*
Modebewusste Damen und Herren finden hier tragbare und ausgefallene Stücke. Alle drei Monate gibt es Modeschauen.

Tea House (**B** B2)
→ *Sendlinger Straße 62, Tel. 26 84 72, Mo–Fr 10–19, Sa 10–16 Uhr*
Aus dem kleinen Laden dringen atemberaubende Düfte. Die Teesorten, die Werner Merten mit großer Sorgfalt zusammengestellt hat, stammen aus China, Birma und Indien. In den Regalen findet man auch aromatisierte Teesorten, mit Gewürzbrot-, mit Mango- und sogar mit Apfelstrudelgeschmack!

Basic (**B** E2)
→ *Westenriederstraße 35, Tel. 242 08 90, Mo–Fr 9–20, Sa 8.30–16 Uhr*
Brot, Obst, Gemüse, aber auch Schokolade, Reis und Getränke – alles aus biologischem Anbau. Im ersten Stock weitere Gesundheitsprodukte und eine Massagepraxis.

Kunstgalerien

Artothek (**B** C3)
→ *St.-Jakobs-Platz 15, Tel. 23 32 52 98, Mi und Fr 14–18, Do 14–19.30, Sa 9–13 Uhr*
In der Artothek können die jungen Münchner Maler und Fotografen ihre Werke zwei bis drei Monate lang präsentieren. Aus einem reichen Fundus von Gemälden kann man sich gegen eine geringe Gebühr Werke ausleihen.

PGM Art worlD (**B** B2)
→ *Sendlinger Straße 26, Tel. 23 23 70 10, Mo–Fr 10–20, Sa 10–16 Uhr*
Reproduktionen, Fotografien und Poster in großer Auswahl, die man im angrenzenden Atelier auch rahmen lassen kann. Im Untergeschoss gibt es eine kleine Galerie mit Werken zeitgenössischer Künstler.

ZAM

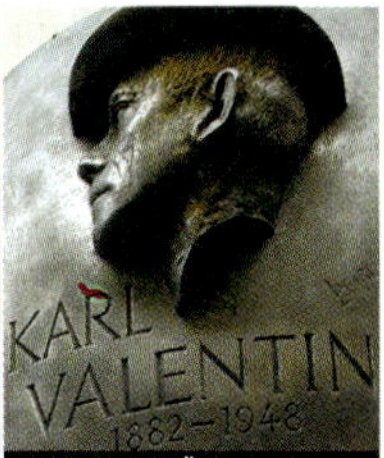

VALENTIN-MUSÄUM

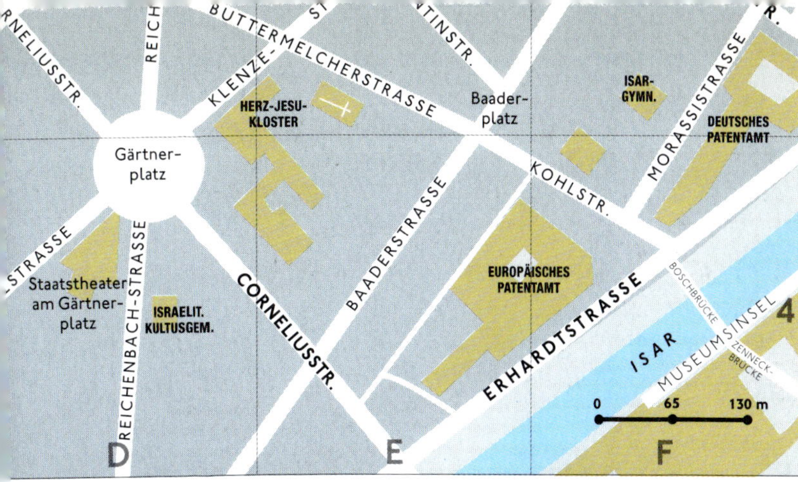

DEUTSCHES JAGD-UND FISCHEREIMUSEUM

MICHAELSKIRCHE

ı ehemaligen Zeughaus
nd Marstall der Stadt kann
an alle Facetten der Stadt-
eschichte studieren. Die
ntwicklung Münchens
ird mit einem Modell, das
e Stadt im Jahr 1570 zeigt,
t sichtbar. Kunsthand-
erk, Gemälde, Münchner
ohnkultur seit dem 17. Jh,
te Musikinstrumente,
arionettentheater, Rüs-
ngen, Hinterglasbilder,
achsstöcke, Zunftpräsen-
und Goldschmiedearbei-
n. Nicht versäumen soll-
man die 10 Originale der
oriskentänzer von Eras-
us Grasser von 1480, die
ensecht ihren närrischen
erbetanz aufführen.

★ **Sendlinger Tor** (**B** A3)
Das Tor stammt wie das Karlstor und das Isartor aus der Zeit der zweiten Stadtbefestigung von Kaiser Ludwig dem Bayern aus dem 14. Jh.

★ **Asamkirche** (**B** B2)
→ *Sendlinger Straße 32,*
Tel. 23 68 79 89,
Kapelle tägl. 8–18 Uhr
Die kleine Kapelle und das Wohnhaus der Asam-Brüder zählen zu den Meisterwerken des Rokoko (17. Jh.). Aus unbehauenen Felsen wölben sich die Fassaden beider Gebäude mit Säulenportalen, säulengerahmten Fenstern und geschwungenen Giebeln leicht in die Straße hinein. Der Innenraum ist verschwenderisch wie ein Theatersaal ausgestattet.

★ **Jagd-und Fischereimuseum** (**B** C1)
→ *Neuhauser Straße 2,*
Tel. 22 05 22,
tägl. 9.30–17, Do bis 21 Uhr
In der ehemaligen Kirche findet man eine interessante Sammlung über das Fischerei- und Jagdwesen mit Geweihen, Jagdwaffen aus europäischen Fürstenhäusern seit der Renaissance und Gemälden und Zeichnungen, darunter auch eine seltsame Kollektion der legendären Wolpertinger.

★ **Michaelskirche** (**B** B1)
→ *Neuhauser Straße 6,*
Tel. 231 70 60, Mo–Sa 8.30–19, Do bis 21 Uhr, So 6.45–22 Uhr
Hinter der kühl anmutenden, aufgegiebelten Fassade mit der Ahnengalerie des Erbauers, des Herzogs Wilhelm V., befindet sich die größte Renaissancekirche nördlich der Alpen (16. Jh.) mit dem zweitgrößten Tonnengewölbe nach St. Peter in Rom (20 m breit)! Unter dem Chor liegen in der Fürstengruft Herzog Wilhelm V., Kurfürst Maximilian I. und der Märchenkönig Ludwig II. von Bayern begraben.

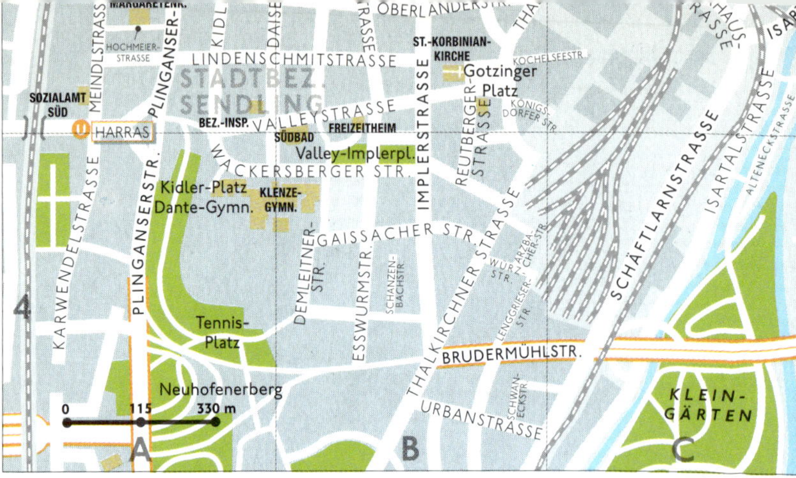

JÜDISCHES MUSEUM

GÄRTNERPLATZ

DEUTSCHES MUSEUM

★ **Theresienwiese** (**C** B1)
Ende September werden hier die großen Bierzelte für das Oktoberfest (»Wies'n«) aufgestellt, außerdem die Fahrgeschäfte und Buden. Zwei Wochen lang dreht sich alles um das Oktoberfest. Im Westen des Platzes erhebt sich die 19 m hohe Bavaria, die Symbolfigur Bayerns, entworfen von Leo von Klenze (1850). Dahinter steht die Ruhmeshalle von Martin Schwanthaler von 1853 mit ihren dorischen Säulen und 77 Marmorbüsten vorbildlicher Bayern (von Martin Schongauer bis Ludwig Thoma).

★ **St.-Paulskirche** (**C** B1)
→ St.-Pauls-Platz,
Tel. 53 15 47, tägl. 8–19 Uhr
Vom 70 m hohen Turm dieser neogotischen Basilika herunter hat man während des Oktoberfestes einen herrlichen Blick auf den ganzen Festbetrieb.

★ **Alter Südlicher Friedhof** (**C** D2)
April–Aug. tägl. 6.30–19, Sept. bis 18, Okt.–März bis 17.30 Uhr
Ein Ort der Ruhe im Glockenbach-Viertel. Schon längst sind die alten Gräber aus dem 17. und 18. Jh. von Büschen und Sträuchern überwuchert. Auf diesem Friedhof findet man viele prominente Münchner: den Architekten Leo von Klenze (1784–1864), die Physiker Joseph von Fraunhofer (1787–1826) und Georg Ohm (1789–1854) und Künstler wie Gärtner, Schwanthaler und Karl Spitzweg.

★ **Westermühlbach** (**C** D2)
Der kleine Kanal mit dem ruhig dahinfließenden Wasser, ein wahrer Ort der Ruhe, verläuft entlang der Pestalozzistraße. Er ist einer der letzten Kanäle des verzweigten Netzes, das einst die Stadt durchzog. Heute sieht man an seinem Ufer Spaziergänger, Jogger und Radfahrer.

★ **Wittelsbacherbrücke** (**C** D3)
Otto von Wittelsbach, dessen Standbild von hoch oben auf die Isar schaut, würde sich heute wohl über die Kajak-Fahrer und Surfer auf der Isar wundern, die auf den Wellen unter seiner Brücke ihre Kunststücke vollführen.

★ **Jüdisches Museum** (**C** E2)
→ Reichenbachstraße 27,
Tel. 20 00 96 93,
Di 14–18, Mi 10–12 und 14–18, Do 14–20 Uhr
Im kleinen Museum des jüdischen Kulturzentrums soll mit Fotos und Dokumenten des Holocaust da

THERESIENWIESE

ST.-PAULSKIRCHE

ALTER SÜDLICHER FRIEDHOF

Die Isarvorstadt heißt bei den Einheimischen Glockenbach-Viertel. Von der Müllerstraße bis zum Gärtnerplatz findet man dicht aneinander gereiht zahlreiche Restaurants, Modeboutiquen und die wilden Bars für Nachtschwärmer und die Münchner Schwulenszene. Um den alten Friedhof herum liegt ein ruhiges Wohnviertel. Im Westen erstreckt sich die Theresienwiese, von der während des Oktoberfestes die laute, bierselige Volksfeststimmung dröhnt. Auf der anderen Seite der Isar befindet sich das alte, bei den Münchnern sehr beliebte Stadtviertel Au, das früher ein eigenständiges Dorf war.

FAUN

FRAUNHOFER

Restaurants

Faun (**C** E2)
→ *Hans-Sachs-Straße 17, Tel. 26 37 98, Mo–Do 9–1, Fr–Sa 9–2 Uhr*
In der gemütlichen Kneipe mit dem riesigen Jugendstilsaal von 1897 trifft man sich. Preiswert ist das Mittagsmenü (6,10 €). Gerichte 6,80–11,80 €.

La Vecchia Masseria (**C** D1)
→ *Mathildenstraße 3, Tel. 550 90 90, tägl. 11.30–1 Uhr*
In der farbenfrohen Trattoria fühlt man sich wie in Italien, auch wenn die Kellner alle möglichen Muttersprachen sprechen. Auf dem Boden liegen die in kleine Stücke gerissenen Papiertischdecken. Verarbeitet werden nur frische Produkte, die ausgezeichnet zubereitet werden. Gerichte 6,50–14 €.

Wirtshaus in der Au (**C** F2)
→ *Lilienstraße 51, Tel. 448 14 00, Mo–Fr 17–1, Sa–So 10–1 Uhr*
In der Au, einem alten Viertel, liegt dieses urige und stets gut besuchte Wirtshaus. Seine Spezialität sind Knödel in allen Variationen, auch mit Spinat oder Ricotta. Die Schweinshaxe wird auch den Hungrigsten satt machen! Gerichte 6,80–14,60 €.

Rincon (**C** F1)
→ *Rumfordstraße 34, Tel. 21 93 93 40, Mo–Fr 9–1, Sa–So 10–1 Uhr*
Im exotisch ausgestatteten großen Saal des Restaurants riecht es nach asiatischen und mediterranen Düften. Als Krönung des Abends kann man sich im Mezzaningeschoss einen Pfefferminztee in der Sheesha Lounge servieren lassen. Gerichte 12–15 €.

Sushi & Soul (**C** E2)
→ *Klenzestraße 71, Tel. 201 09 92, tägl. 18–1 Uhr*
Abends ist das japanische Restaurant immer voller junger Leute. Zwischen 18 und 19.30 Uhr erhält man ein Bento (ein komplettes Menü in einer traditionellen Lackdose) zum halben Preis. Verschiedene Cocktails mit Sake. Gerichte 11–25 €.

Essneun (**C** E2)
→ *Hans-Sachs-Straße 9, Tel. 23 23 09 35, tägl. 19–1 Uhr*
Das modern eingerichtete, in knalligen Orange- und Grüntönen gehaltene Restaurant stammt aus den 70er Jahren. Hier überraschen unerwartete

KSAR CLUB

OPTIMAL

BUGS

Kreationen wie Wurst mit Bloody Mary oder Rindskopf mit Bananen-Honig-Sauce die Gäste.
Gerichte 16–22 €.

Cafés, Bars

Café am Beethovenplatz (**C** C1)
→ *Goethestraße 51, Tel. 54 40 43 48, tägl. 9–1 Uhr*
Seit 1899 existiert hier das älteste Konzertcafé Münchens. Nach dem Zweiten Weltkrieg wurde hier der erste Nachtclub eröffnet, in dem anfangs amerikanische Soldaten verkehrten. Jeden Abend gibt es Konzerte mit Jazz, Funk, Soul, Blues oder Klassik.

Zoozie's (**C** D3)
→ *Wittelsbacherstraße 15, Tel. 201 00 59, tägl. 9–1, Do–Sa bis 3 Uhr*
Morgens kann man hier ausgiebig frühstücken, dann einen Milchkaffee trinken und abends gemütlich einen Cocktail schlürfen (8 Caïpirinhas zur Auswahl). Jeden Abend machen DJs Musik. Am Wochenende Tanz, meist nach Disco-Rhythmen.

Fraunhofer (**C** E2)
→ *Fraunhoferstraße 9, Tel. 26 64 60, tägl. 16.30–1 Uhr, an Winterwochenenden bis 11 Uhr*
Ein authentisches und gemütliches Wirtshaus mit großen Holztischen. Im Hof gibt es einen kleinen Theatersaal und ein kleines Kino mit anspruchsvollem Programm. Abends verkehren in der alten, nüchtern eingerichteten Bar (Kulisse) viele Intellektuelle und Schauspieler.

Master's Home (**C** F1)
→ *Frauenstraße 11, Tel. 22 99 09, tägl. 18–3 Uhr*
Im Keller des alten Hauses wurde eine herrschaftliche Wohnung eingerichtet. Bei schummriger Beleuchtung kann man hier einen Master's Home (das Hausgetränk, dessen Rezept geheim gehalten wird) an den Tischen in der Bibliothek, im Bett oder sogar in der Badewanne trinken.

Ksar Club (**C** E1)
→ *Müllerstraße 31, Tel. 26 40 38, tägl. 21–3 Uhr*
Schummrige Beleuchtung, verrauchte Luft und wilde elektronische Klänge: eine beliebte Bar der Münchner Nachtschwärmer.

Kinos, Konzerte

Arena Filmtheater (**C** E2)
→ *Hans-Sachs-Straße 7, Tel. 260 32 65*
Kein riesiger Filmpalast, sondern ein altes Vorstadtkino mit etwas harten Sitzen. Auf dem Programm nur neue Filme.

Schlachthof (**C** C2)
→ *Zenettistraße 9, Tel. 76 54 48*
Ein Teil des alten Schlachthofes wurde in ein alternatives Kulturzentrum umgestaltet und enthält nun einen Konzertsaal für Pop-, Rock- und Techno-Musik, ein Theater (Rezitationen, One-man-Shows, Kabarett), Bars, ein Wirtshaus und einen Biergarten. An manchen Abenden dröhnen hier alle alten Hallen!

Einkaufen

7. Himmel (**C** E2)
→ *Hans-Sachs-Straße 17, Tel. 26 70 53, Mo–Fr 11–19, Sa 10–16 Uhr*
Mode für die Münchner Jugend zu akzeptablen Preisen, da die Ware großteils aus Italien importiert wird. Im Haus Nr. 18 kann man Schuhe und Taschen einkaufen.

Optimal (**C** E2)
→ *Kolosseumstraße 9, Tel. 26 81 85, Mo–Fr 11–18.30, Di, Do–Fr bis 20, Sa 11–16 Uhr*
Hier findet man die Musik der Münchner DJs und Stars seit 1982. Große Auswahl an gebrauchten CDs und Schallplatten, aber auch an neuesten Einspielungen. Auf Plattenspielern kann man sich die Schallplatten vor dem Kauf anhören.

Eisenblätter & Triska (**C** E2)
→ *Hans-Sachs-Straße 13, Tel. 260 58 60, Mo–Di, Do–Fr 11–18.30, Mi 14–18.30, Sa 11–14 Uhr*
Hier gibt es Hüte für jeden Tag und exklusive Modelle für besondere Gelegenheiten; sie werden im Atelier im Hinterhaus von Katarina Eisenblätter und Astrid Triska angefertigt. Hüte, von denen man schier überwältigt sein wird!

Bugs (**C** D1)
→ *Thalkirchner Straße 1, Tel. 26 94 99 60, Mo–Fr 11–19.30, Sa 10–16 Uhr*
Kleidung, Schuhe, Accessoires, Schmuck und viel Krimskrams – aber man sollte das gesehen haben!

Ulrich Graf (**C** E2)
→ *Hans-Sachs-Straße 10, Tel. 260 70 67, Mo 13–18.30, Di–Fr 9–18.30 Uhr*
Der »In«-Friseur ganz Münchens, bei dem man sich vom Chef Ulrich Graf persönlich den neuesten Haarschnitt machen lassen kann. Vertreibt auch Produkte der Kosmetikreihe Aveda.

WITTELSBACHERBRÜCKE

WESTERMÜHLBACH

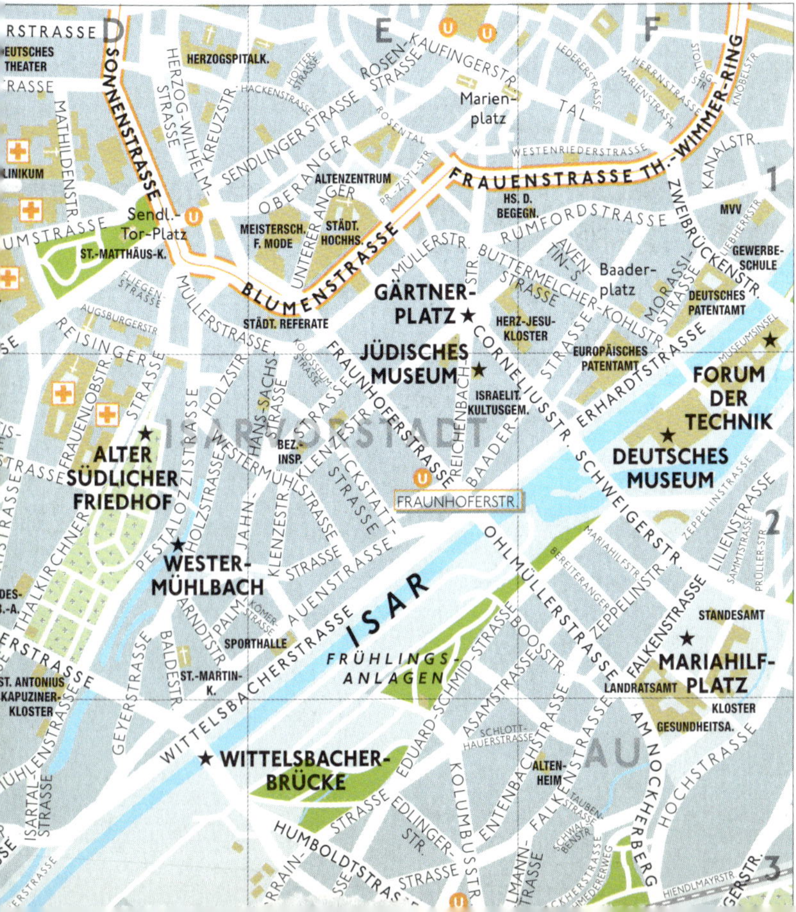

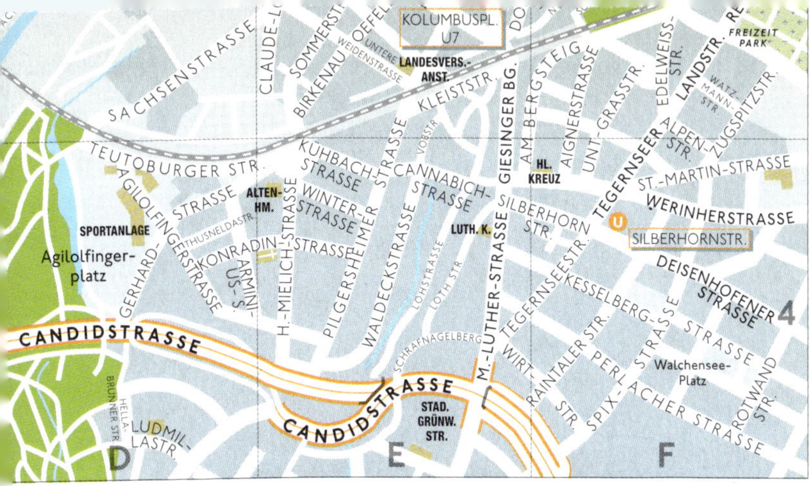

FORUM DER TECHNIK

MARIAHILFPLATZ

n erinnert werden, dass
ünchen eine der erste
tädte war, in denen sich
er Nationalsozialismus
usbreiten konnte, und
ass Hitler hier seine ersten
achtkämpfe austrug.

Gärtnerplatz (**C** E1)
er schöne runde Platz mit
nem kleinen Springbrun-
en liegt mitten im Glo-
enbach-Viertel. Das im
den gelegene Gärtner-
atztheater, ein nobler
assizistischer Bau von
365, gibt dem Platz mit
iner feinen, heiteren Fas-
de das Gesicht. Dieses
önigliche Volkstheater«
Sitz der bayerischen
aatsoperette mit deutsch-
sprachigen Opernaufführungen, Singspielen, Musical- und Ballettproduktionen.

★ **Deutsches Museum** (**C** F2)
→ *Museumsinsel 1, Tel. 217 91, tägl. 9–17 Uhr, an Feiertagen geschl.*
Das bedeutendste Museum für Naturwissenschaft und Technik in Europa wurde 1903 von Oskar von Miller gegründet. Auf 55 000 m² mit einem 16 km langen Rundgang und 18 000 ausgestellten Objekten zeigt es die ganze Bandbreite der technischen Errungenschaften – von der Dampflokomotive bis zum Senkrechtstarter, vom ersten Telefon bis zu den modernsten Technologien. Den größten Spaß haben die Besucher bei den interaktiven Experimenten. Physikalische Phänomene werden am Faraday'schen Käfig mit Blitzen von 300 000 Volt demonstriert. Im Stollen eines Bergwerks kann man die Welt unter Tage kennen lernen. Zu den beliebtesten Attraktionen des Hauses gehört die Modelleisenbahn mit ihrem 240 m langen Schienensystem.

★ **Forum der Technik** (**C** F1)
→ *Museumsinsel 1, Tel. 21 12 51 80*
Das Forum der Technik gehört zum Deutschen Museum. Im IMAX kann man auf einer 22 m breiten und 16 m hohen Leinwand u.a. 3D-Filme sehen und im neuen Planetarium die Sterne bestaunen.

★ **Mariahilfplatz** (**C** F2)
Mitten in der Au liegt der große Platz, in dessen Zentrum sich die Mariahilfkirche aus roten Ziegelsteinen erhebt. Hier findet – ununterbrochen seit 1310 – dreimal im Jahr die Auer Dult, ein populärer Trödelmarkt, statt: Um den 1. Mai die Auer Maidult, im Juli die Jakobidult und im Oktober die Kirchweihdult.

ALPINES MUSEUM

STAATLICHES MUSEUM
FÜR VÖLKERKUNDE

★ **Müller'sches Volksbad** (**D** A4)
→ *Rosenheimer Straße 1, Tel. 23 61 34 34, tägl. 7.30–23 Uhr*
Dieses schöne Bauwerk von 1901, ein wahres Wunderwerk des Jugendstils, besichtigt man am besten in Badekleidung. Die Schwimmbecken, die Massageräume und die Sauna wurden modernisiert.

★ **Üblacker-Häusl & Kriechbaumhof** (**D** C4)
→ *Preysingstraße 58 & 71, Üblacker-Häusl: Mi–Do 17–19, Fr, So 10–12 Uhr*
Das Üblacker-Häusl, eine Herberge aus dem 18. Jh., ist immer noch bewohnt, kann aber zum Teil besichtigt werden: Zwei Räume sind im Originalzustand von 1910 erhalten, im dritten Raum werden Werke von Münchner Künstlern gezeigt. Der Kriechbaumhof, ein alter Bauernhof aus dem 17. Jh. mit Tiroler Stilelementen, dient heute als Jugendzentrum.

★ **Maximilianeum** (**D** B3)
Dieses imposante Gebäude im Stil der Neorenaissance (1876), hoch über dem Isarufer gelegen, bildet den grandiosen Abschluss der königlichen Maximilianstraße. Heute tagt hier der Bayerische Landtag.

★ **Alpines Museum** (**D** A3)
→ *Praterinsel 5, Tel. 211 22 40, Di–Fr 13–18, Sa–So 11–18 Uhr*
Das Museum auf der Isarinsel präsentiert die Geschichte des Alpinismus von 1760 bis heute – mit Fotos, Schautafeln, Dokumenten und zahlreichen Objekten wie einem alten Paar Skier und Skistöcken aus Bambusholz von 1920.

★ **Staatliches Museum für Völkerkunde** (**D** A3)
→ *Maximilianstraße 42, Tel. 210 13 60, Di–Sa 9.30–17.15 Uhr*
Weltreisen zu anderen Kontinenten und Kulturen: Aus Afrika stammt eine beachtliche Sammlung von hölzernen Masken und Skulpturen, aus Amerika kommen Gewänder und Zelte der Indianer, aus Mittelamerika viele Kultobjekte der Inkas. Daneben findet man persische Miniaturen, grönländische Kajaks und Buddhastatuen aus dem Fernen Osten.

★ **Isar** (**D** B2)
Die Isar teilt die Stadt in zwei Hälften und sorgt ar heißen Sommertagen für etwas Abkühlung. Von Bc genhausen bis Haidhausen und in den südlicher und nördlichen Wohnvie teln wurden die Isarufer

MÜLLER'SCHES VOLKSBAD

ÜBLACKER-HÄUSL & KRIECHBAUMHOF

MAXIMILIANEUM

D

Haidhausen / Lehel / Bogenhausen

Im multikulturellen Stadtteil Haidhausen leben junge Künstler und Alternative. Hier gibt es Ateliers, Kunstgalerien, kleine Läden und viele asiatische, türkische und indische Restaurants. Hinter den Eisenbahnschienen hört man aus dem Kunstpark Ost wilde Technomusik – dies ist das Reich der Nachtschwärmer. Weiter die Isar abwärts folgt im Westen der Altstadt der Stadtteil Lehel, ein vornehmes Wohnviertel mit stilvollen Fassaden. Am rechten Ufer der Isar erstreckt sich der ruhige, großbürgerlich geprägte Stadtteil Bogenhausen, hinter dessen prächtigen Fassaden aus dem 19. Jh. etliche Mitglieder der Münchner Prominenz wohnen.

HOFBRÄUKELLER

DAS SPIEGELZELT

RESTAURANTS

Bernard & Bernard (**D** B4)
→ *Innere Wiener Straße 32, Tel. 480 11 73, tägl. 18–1 Uhr*
Eine französische Crêperie, in der man ausgezeichnete Galettes mit Roquefort oder mit Ratatouille erhält. Süße Crêpes gibt es auch. Der Besitzer Bernard singt dazu französische Lieder! Eine Galette 4,90–10 €.

Hofbräukeller (**D** B4)
→ *Innere Wiener Straße 19, Tel. 459 92 50, tägl. 9–24 Uhr*
In bayerischen Dirndln und Lederhosen serviert das Personal hier Hofbräu-Bier und u.a. riesige Bratwürste mit Sauerkraut. Bei gutem Wetter kann man auch im schönen Biergarten die Sonne genießen. Gerichte 8,50–12,90 €.

Co-Do (**D** B5)
→ *Lothringer Straße 7, Tel. 448 57 97, Di–So 18–23 Uhr*
Unter dem Namen der alten Hauptstadt Vietnams serviert man in diesem einfach ausgestatteten Restaurant asiatische Köstlichkeiten: Gebratene Ravioli, Frühlingsrollen und Reisschnaps – fast wie in Hanoi! Gerichte 10,50–18 €.

Swagat (**D** D3)
→ *Prinzregentenplatz 13, Tel. 47 08 48 44, tägl. 11.30–14.30, 17.30–1 Uhr*
In einer überaus kitschigen Atmosphäre mit allem, was dazugehört, lässt sich hier ein erlesenes Publikum alle Genüsse Indiens servieren: das Tandoori-Huhn oder ein cremiges Lassis. Gerichte 10,50–19,50 €.

Gandl (**D** A2)
→ *St.-Anna-Platz 1, Tel. 29 16 25 25, Mo–Sa 9–0.30 Uhr*
Tagsüber ist Gandl ein Feinkostladen, mittags kann man hier ein schnelles italienisches Gericht verzehren und abends fürstlich französisch tafeln. Gemütlich. Gerichte 12,50–18,50 €, Menü abends 31 €.

CAFÉS

Mr. Baker's Coffee House (**D** B4)
→ *Steinstraße 12, Tel. 44 11 86 81, Mo–Fr 8–18, Sa 9–14 Uhr*
Herrliche Düfte dringen aus diesem Haus, in dem man eine Tasse Kaffee mit einem Muffin oder einem Bagel genießen kann.

Café Stör (**D** A4)
→ *Rosenheimer Straße 1, Tel. 48 22 22, tägl. 10–1 Uhr*

MUFFATHALLE

CENTURY BOX

WIENER PLATZ MARKT

Diese beliebte Kneipe mit ihren massiven Gewölben liegt im berühmten Müller'schen Volksbad. Hier bekommt man riesige Salate und einen leckeren Cocktail mit Wodka, blauem Curaçao, Kokoslikör, Sahne und Ananas.

Café Voilà (**D** B4)
→ *Wörthstraße 5, Tel. 489 16 54, tägl. 7–1 Uhr*
Nur selten sind Cafés wie dieses schon früh am Morgen geöffnet. Bis mittags hat man eine große Auswahl an Frühstücksgerichten.

Theater und Kulturzentren

Das Spiegelzelt (**D** C6)
→ *Friedenstraße 10, Tel. 450 28 80, Einlass um 18.30 Uhr, Vorstellung 20.30 Uhr*
Im großen Zelt verbirgt sich eine Kabarettbühne, deren Aufführungen man in München gesehen haben muss. Verschiedene Vorstellungen: Theater, Ein-Mann-Shows oder französische Chansons. Vor den Shows wird das Abendessen serviert.

Gasteig (**D** B4)
→ *Rosenheimer Straße 5, Tel. 48 09 86 76*
Zum großen Kulturzentrum Münchens gehört auch ein philharmonisches Ochester. Hier gibt es Filme, Ausstellungen, Konferenzen und drei Theatersäle.

Konzerte und Nachtclubs

Muffathalle (**D** A4)
→ *Zellstraße 4, Tel. 45 87 50 10*
In dieser riesigen Halle kann man außergewöhnliche Musik hören, sei es Rock, Jazz, Groove oder Latino, aber auch alle möglichen anderen Veranstaltungen finden hier statt. Daneben kann man jedes Wochenende im Club DJs bei der Arbeit lauschen. Im Sommer finden die Konzerte im hauseigenen Biergarten statt.

Kunstpark Ost (**D** D6)
→ *Grafinger Straße 6, Tel. 450 69 20, tägl. ab 21.30 Uhr*
In dieser alten Knödelfabrik mit ihren 100 000 m^2 Gesamtfläche und in den ehemaligen Lagerhäusern haben 36 Bars und Diskotheken ihren Platz gefunden, in denen sich jedes Wochenende unzählige Besucher tummeln. Man hört Techno, Funk, Rock, Hip-Hop und vieles andere mehr.

Pacha (**D** C6)
→ *Rosenheimer Straße 145, Tel. 49 02 66 33, Di–Mi 18–4, Do 22–5, Fr–Sa 22–6 Uhr*
Benannt nach dem berühmten Pacha auf der Insel Ibiza. Techno- und Housemusik bis zum frühen Morgen begeistern hier ein schickes Jetset-Publikum. Dienstags und mittwochs gibt es hier After-Work-Partys.

Einkaufen

Century Box (**D** B5)
→ *Steinstraße 73, Tel. 48 16 62, Mo–Fr 13–19, Sa 11–14 Uhr*
Eine außergewöhnliche Vielfalt aller möglichen Gegenstände aus den 50er bis 70er Jahren, ein Mischmasch aus aller Welt.

Parzival (**D** C5)
→ *Breisacher Straße 15, Tel. 459 97 63, Mo–Fr 11–19, Sa 10–16 Uhr*
Ein Laden, der sich auf Hörbücher spezialisiert hat. Bei Lesungen liest nur ein einzelner, bei Hörspielen hört man mehrere Stimmen und Geräusche, wie im Kino – erhältlich in deutscher, englischer und französischer Sprache. Die beste Art, um eine Sprache zu erlernen!

1260 Grad (**D** B5)
→ *Sedanstraße 27, Tel. 44 77 06 88, Di–Fr 12–18.30, Sa 10–14 Uhr*
In ihrer Töpferwerkstatt formen Petra und Angelika Teller, Tassen, Becher, Vasen und alle anderen Arten von Behältern. Schöne klare Formen und viele Pastellfarben. Sehr gutes Preis-Leistungs-Verhältnis.

Wiener Platz Markt (**D** B4)
Viele kleine Läden mit Obst, Käse, Wurstwaren. Und eine Kuriosität an der Nordseite des Platzes: Der Biergarten des Restaurants Huterer ist Münchens kleinster Biergarten.

Kunstgalerien

Lothringer 13 (**D** B5)
→ *Lothringer Straße 13, Tel. 448 69 61, Laden: Do–So 16–20 Uhr, Halle: Di–So 13–19 Uhr*
Im Laden findet man experimentelle Kunst mit vielen Anklängen an Wissenschaft und Politik. Hier kann man die Künstler persönlich kennen lernen. In der Halle kann man Videokunst ansehen – eine der aufregendsten Galerien der Stadt!

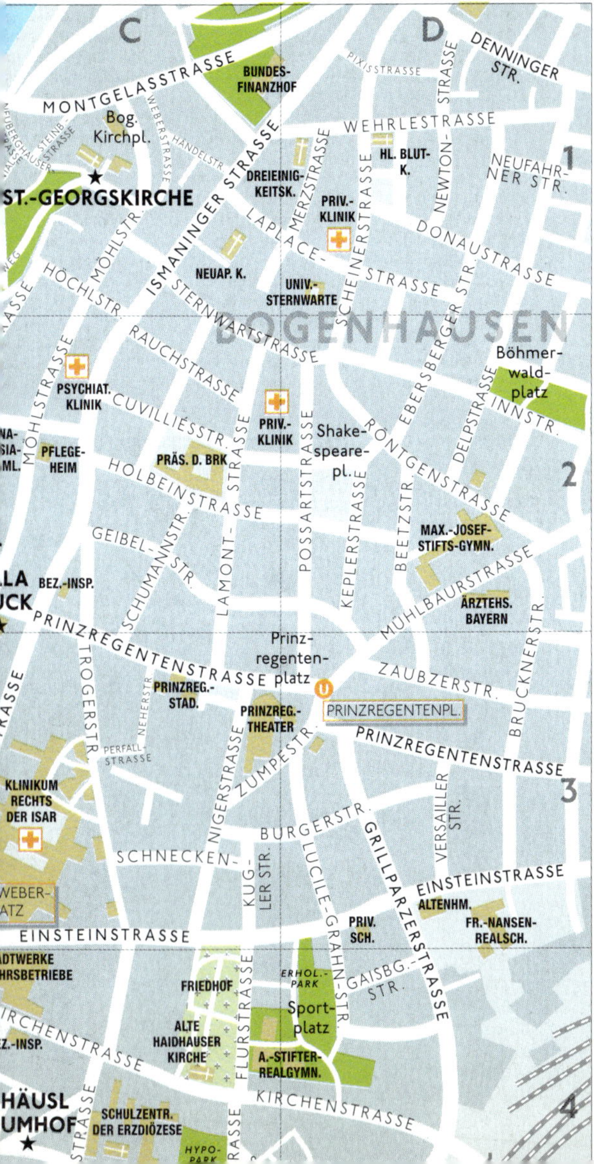

AN DER ISAR

VILLA STUCK

FRIEDENSENGEL

BAYERISCHES NATIONALMUSEUM

ST.-GEORGSKIRCHE

efestigt: weite Rasenflä-
hen mit vielen Wegen un-
er Eichen und Kastanien-
äumen. Kinderspielplätze
nd viele kleine Teiche
achen die Isarauen zu
inem beliebten Naher-
olungsgebiet.

★ Villa Stuck (**D** C2)
→ *Prinzregentenstraße 60,*
el. 45 55 51 25,
i–So 10–18 Uhr
ie majestätische Villa, rchitektonisch inspiriert om griechischen Klassismus, ließ sich der Marfürst des Münchner Juendstils, Franz von Stuck 863–1928), als Wohnaus und Atelier errichten. re Innenräume sind üppig mit Reliefs und Kassettendecken ausgestattet und enthalten viele Werke des Künstlers, darunter *Die Sünde*, deren erotische Darstellung 1893 für Aufsehen sorgt.

★ Friedensengel (**D** B2)
Über dem Isarufer ragt die vergoldete Engelsstatue auf einer 12 m hohen korinthischen Säule auf einem mit Säulen versehenen Pavillon auf. Der Friedensengel ist eine Kopie der Siegesgöttin des Paionios in Olympia und erinnert an 25 Jahren Frieden nach dem Krieg von 1870/71 zwischen Frankreich und Deutschland.

★ Bayerisches Nationalmuseum (**D** A2)
→ *Prinzregentenstraße 3,*
Tel. 211 24 01,
Di–So 10–17, Do bis 20 Uhr
Ein Gesamtkunstwerk sollte das 1894/95 von Gabriel von Seidl gegründete Museum werden, in dem sich Romanik, Gotik, Renaissance und Barock zu einer Art »Altdeutschem Stil« zusammenfügen. Den Grundstock der reichen Sammlungen bildete der Wittelsbacher Kunstbesitz, der durch Schenkungen und Nachlässe auf 18 000 Exponate aus 9 Jahrhunderten angewachsen ist: Kunsthandwerk, Skulpturen, bedeutende Madonnenfiguren, Teppiche und Mobiliar.

★ St.-Georgskirche (**D** C1)
→ *Bogenhauser Kirchplatz 1,*
tägl. 8–19 Uhr
Im Norden des alten Stadtteils Bogenhausen steht diese reizvolle Rokokokirche mit ihren markanten Zwiebelkuppeln. Sehenswert ist die barocke Innenausstattung mit Meisterwerken von J.B. Straub und Ignaz Günther. Auf dem Friedhof findet man auf den einfachen Grabkreuzen prominente Namen: Liesl Karlstadt, Hans Knappertsbusch, Oskar Maria Graf und Erich Kästner.

SIEGESTOR

AKADEMIE DER BILDENDEN KÜNSTE

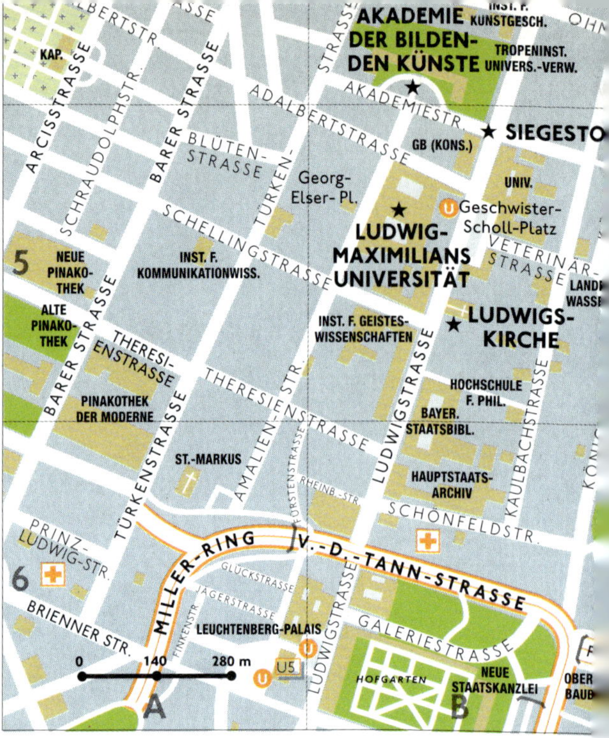

★ **Haus der Kunst** (**E** C6)
→ *Prinzregentenstraße 1, Tel. 21 12 70, tägl. 10–22 Uhr*
Das monumentale neoklassizistische Bauwerk (160 m lang und 60 m breit) wurde 1937 als Kultbau im Stil des Dritten Reiches errichtet. Hier ließ Hitler seine Lieblingskünstler ausstellen und prangerte die damalige Moderne als »Entartete Kunst« an. Heute finden hier große internationale Wechselausstellungen statt. Die Staatsgalerie moderner Kunst in der linken Haushälfte gilt als eines der wichtigsten Museen der Gegenwartskunst aus aller Welt.

★ **Ludwigskirche** (**E** B5)
→ *Ludwigstraße 22, Tel. 28 83 34, tägl. 8–19 Uhr*
Die neoromanische Kirche entwarf Friedrich von Gärtner 1844 im Zuge der Erweiterung der Ludwigstraße. Das eindrucksvolle Fresko des Jüngsten Gerichts des »Nazareners« Peter Cornelius von 1840 gilt als zweitgrößtes Fresko der Welt (18 m lang und 11 m hoch) nach Michelangelos *Jüngstem Gericht* in Rom.

★ **Ludwig-Maximilians-Universität** (**E** B5)
→ *Geschwister-Scholl-Platz 1, Tel. 218 00, Mo–Fr 7–22, Sa 8–17 Uhr, Gedenkstätte: Mo–Fr 10–16, Do bis 21 Uhr*
Die zweitgrößte Universität Deutschlands wurde 1840 im neogotischen Stil errichtet. Ihre große Eingangshalle und das Atrium bestechen durch ihren würdevollen Charakter. Hier fanden die Protestaktionen der Widerstandsbewegung der Weißen Rose gegen den Nationalsozialismus statt, deren führende Köpfe, Hans und Sophie Scholl, 1943 hingerichtet wurden, weil sie Flugblätter ausgelegt hatten. Daran erinnert ein Museum.

★ **Siegestor** (**E** B5)
Das Siegestor wurde 1857 zum Ruhme der bayerischen Armee nach dem Vorbild des Konstantinbogens in Rom errichtet. Das Tor wurde 1944 im Krieg durch Bombenangriffe schwer beschädigt und erhielt nach seiner Restaurierung 1958 auf der Südseite die Inschrift »Dem Sieg geweiht, im Krieg zerstört, zum Frieden mahnend«.

★ **Akademie der Bildenden Künste** (**E** B4)
→ *Akademiestraße 2, Tel. 385 20, Mo–Fr 7–21, Sa 8–15 Uhr*
In der renommierten, 18[…] gegründeten Akademie der Bildenden Künste studierten bekannte Künstler wie Lenbach, Kandinsky

LUDWIG-MAXIMILIANS-UNIVERSITÄT

LUDWIGSKIRCHE

HAUS DER KUNST

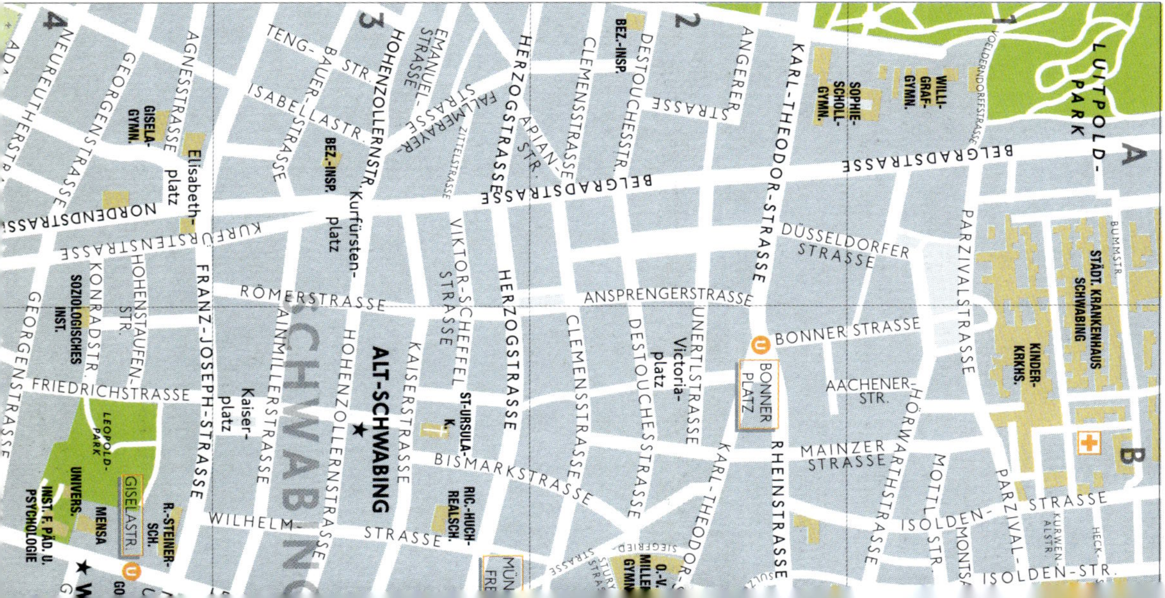

Hinter der Universität gibt es zwischen den Antiquariaten und den Buchläden in der Amalienstraße und der Türkenstraße viele kleine Cafés, die von Studenten bevölkert sind. Nördlich davon, im Stadtteil Schwabing, findet man kaum noch etwas von dem früheren Flair vom Anfang des 20. Jh., als Schriftsteller, Künstler und Intellektuelle das Viertel bewohnten. Die schicken Restaurants und die angesagten Bars liegen heute in der Leopoldstraße, der Flaniermeile der »Schicki-Micki«, der schicken jungen Leute. Östlich davon erstrecken sich die riesigen Rasenflächen des Englischen Gartens, in dem die Münchner am liebsten spazieren gehen.

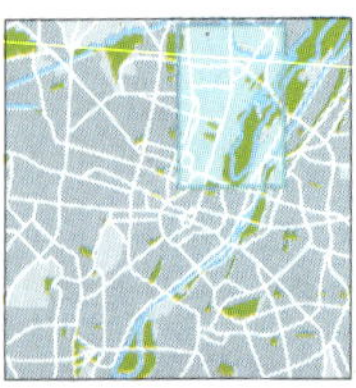

CHINESISCHER TURM

KÁPARI

Restaurants

Chinesischer Turm (**E** C5) / **Seehaus** (**E** D3)
→ *Englischer Garten, Chin. Turm, Tel. 38 38 73 20; Seehaus, Tel. 381 61 30, tägl. 10–22 Uhr*
Der Englische Garten bietet gleich zwei Biergärten, in denen man nicht nur Bier trinken, sondern auch bayerische Küche genießen kann. Zu Füßen der chinesischen Pagode, am so genannten Chinesischen Turm, gibt es einen Biergarten mit 7000 Plätzen und einem bayerischen Blasorchester. Am Seeufer liegt das vornehme Seehaus mit einem ausgezeichneten Restaurant und einem Biergarten mit 2500 Plätzen und Selbstbedienung. Gerichte 6–22 €.

News Bar (**E** B5)
→ *Amalienstraße 55, Tel. 28 17 87, tägl. 7.30–2 Uhr*
In diesem modern eingerichteten Café gegenüber der Universität bekommt man den ganzen Tag über ausgezeichnetes Kneipen-Essen: Salate, Nudelgerichte, Crêpes, Omelettes und asiatische oder vegetarische Gerichte. Gerichte 6,60–12,50 €.

Kaisergarten (**E** B3)
→ *Kaiserstraße 34, Tel. 34 02 02 03, Mo–Fr 10–1, Sa–So 9–1 Uhr*
Mit seinem schönen Restaurant und seinem kleinen Biergarten der ideale Ort, um typisch bayerische Spezialitäten zu essen: einfache Gerichte, aber riesige Portionen. Als Nachspeise sollte man eine große, warme Dampfnudel mit Vanillesauce probieren. Gerichte 7,50–13 €.

Kápari (**E** A5)
→ *Theresienstraße 17, Tel. 28 99 66 89, Mo–Fr 11.30–15 und 17–1 Uhr, Sa–So 17–1 Uhr*
Die Küche ist ebenso farbenprächtig wie die unzähligen Flaschen an den Wänden – man fühlt sich wie in Griechenland. Ausgezeichnete griechische Weine und Gerichte mit viel Olivenöl und Feta. Gerichte 9,50–15 €.

Tantris (**E** C1)
→ *Johann-Fichte-Straße 7, Tel. 361 95 90, Di–Sa 12–15 und 18.30–1 Uhr*
Das Ambiente des Luxusrestaurants hat sich seit 1971 nicht verändert. Seit damals ist dieses Restaurant eines der besten von ganz München: Auf der Karte findet man geräucherte Tauben mit Gänseleber, Krebs mit Äpfeln und Mango, Mohn-Sava-

CHNELLER

KLEIDERMARKT

MARKT AM ELISABETHPLATZ

rin mit Rotweineis und Champagner-Sabayon. Gerichte 30–39 €.

CAFÉS

Schneller (**E** B5)
→ *Amalienstraße 59, Tel. 28 11 24, Mo–Fr 8–19, Sa 9–14 Uhr*
Eine altmodische Konditorei mit vergilbten Blümchentapeten. Im etwas düsteren Hinterzimmer kann man Kaffee trinken und die hausgemachten Kuchen kosten.

Café Reitschule (**E** C4)
→ *Königinstraße 34, Tel. 388 87 76, tägl. 9–1 Uhr*
Zu diesem riesengroßen Café in den Hallen der ehemaligen Reitschule direkt am Englischen Garten gehören mehrere Terrassen, ein Biergarten und ein Grillrestaurant – insgesamt 1700 Plätze, die immer sehr gut belegt sind. Ein Ort, von dem aus man die Reitschüler und ihre Pferde gut beobachten kann.

Café Puck (**E** A5)
→ *Türkenstraße 33, Tel. 280 22 80, tägl. 9–1 Uhr*
In diesem Studentencafé wird eifrig diskutiert, Philosophen lesen ihre Bücher, Professoren korrigieren Referate und Gymnasiasten erzählen sich die neuesten Liebesgeschichten. Frühstück bekommt man bis 18 Uhr.

Schelling-Salon (**E** A5)
→ *Schellingstraße 54, Tel. 272 07 88, Mo, Do–So 6.30–1 Uhr*
Die Zeit scheint spurlos an diesem alten Café vorbeigegangen zu sein, das seit 1872 in Familienbesitz ist. Hier findet man viele Stammgäste, die Billard spielen, Mütter, die mit ihren Kindern Tee trinken, und passionierte Kartenspieler und Schachspieler, die ein kühles Bier genießen. Im Keller kann man Tischtennis spielen.

BARS

Caffè Florian (**E** B3)
→ *Hohenzollernstraße 11, Tel. 33 66 39, tägl. 9–1, Sa bis 3 Uhr*
Das wohl berühmteste Café in Schwabing – mit französischem Flair wie in St-Germain-des-Prés mitten in Paris. Im Untergeschoss kann man sich in der Bar Coccodrillo die Nächte um die Ohren schlagen (Di bis Do Live-Musik, Fr und Sa mit DJs).

Jennerwein (**E** A2)
→ *Belgradstraße 27 / Clemensstraße, Tel. 308 72 21, tägl. 20–1 Uhr*
Eine ungewöhnlich alternative Bar! Hier trinkt man keine Cocktails, sondern Longdrinks und vor allem viel Bier zu Punk-Musik, Rockabilly, Ska und Countrymusik.

Lardy (**E** C3)
→ *Leopoldstraße 49, Tel. 34 49 49, tägl. 17–3 Uhr*
Tapas und Sushi als Auftakt, dann trinkt man Cocktails und hört laute Musik. Junges und ausgeflipptes Publikum.

THEATER

Lustspielhaus (**E** C3)
→ *Occamstraße 8, Tel. 34 49 74, tägl. Einlass 18.30 Uhr, Vorstellung 20.30 Uhr*
Die Ein-Mann-Shows dieses beliebten Kabaretts sind jeden Abend ausgebucht! Vor der Vorstellung kann man zu Abend essen. Die nahe gelegene, kleinere Lach- und Schießgesellschaft war besonders in den 50er Jahren »in«.

EINKAUFEN

Off & Co (**E** A3)
→ *Belgradstraße 5, Tel. 300 21 53, Mo–Fr 10–19.30, Sa 10–16 Uhr*
Große Auswahl an klassischer Mode, wie man sie in München trägt.

Kleidermarkt (**E** B3)
→ *Hohenzollernstraße 27, Tel. 33 01 95 55, Mo–Fr 10–19, Sa 10–16 Uhr*
Ein Laden mit ausgefallener Mode – neu und Secondhand. Hier findet man vorwiegend den Stil der 70er und 80er Jahre.

Pat's Boutique (**E** B3)
→ *Hohenzollernstraße 44, Tel. 34 77 38, Mo–Fr 10–19, Sa 10–16 Uhr*
Bayerische Trachtenmoden zu günstigen Preisen. Falls die gewünschte Farbe oder Größe fehlt, kann man vielleicht in einer anderen der 8 Filialen dieser Ladenkette in München fündig werden.

Kult (**E** B3)
→ *Hohenzollernstraße 40, Tel. 38 86 95 15, Mo–Fr 10.30–19, Sa 10.30–16 Uhr*
Edle Materialien (Koralle, Elfenbein, Holz etc.), die zu glamourösem Schmuck verarbeitet sind, mit einem Touch von Kitsch, Ethno-, Hippie- oder Buddha-Look.

Markt am Elisabethplatz (**E** A4)
Auf dem täglich stattfindenden Markt in Schwabing lässt man sich zum Einkaufen noch viel Zeit. In einem der kleinen Läden kann man hervorragende deutsche Weine kaufen.

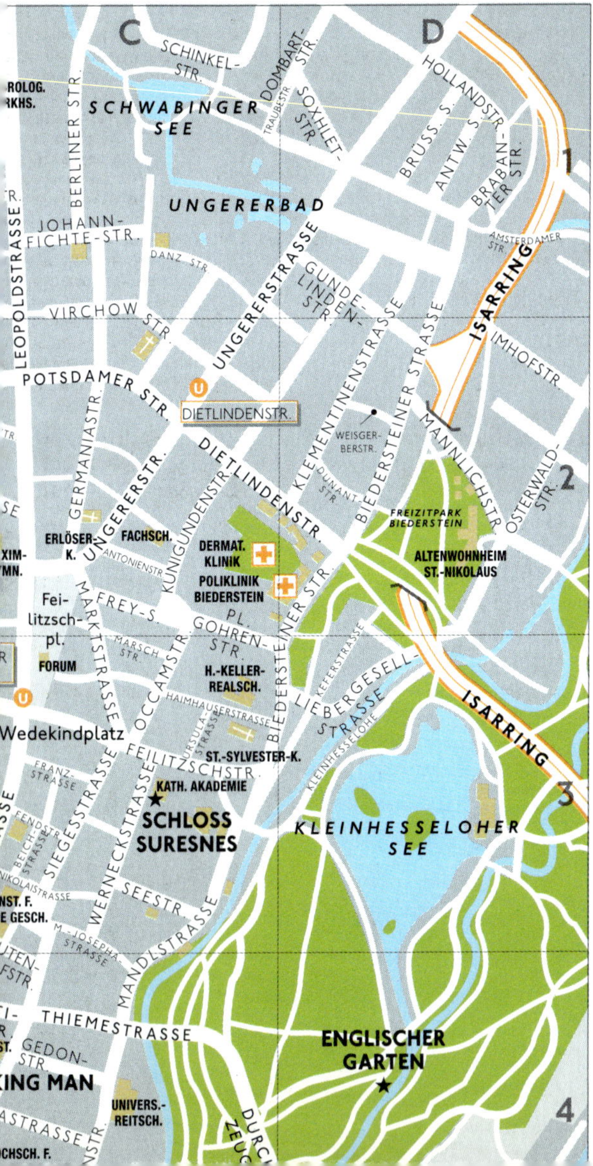

DER WALKING MAN

ALT-SCHWABING

SCHLOSS SURESNES

ENGLISCHER GARTEN

MONOPTEROS

nd Klee. Auch heute wer-en hier die Künstler von ·orgen ausgebildet, deren ·erke in den Räumen der kademie regelmäßig in usstellungen zu sehen nd. Das elegante Bau-erk im Stil der Neorenais-ance mit reichem Skulp-renschmuck wird seinem uf immer noch gerecht.

Walking Man (E B4)
Leopoldstraße 36
e seltsame, 17 m hohe, hneeweiße Skulptur des *alking Man* überragt die äuser der Leopoldstraße. er Amerikaner Jonathan orofsky schuf sie 1995 für ne Versicherungsgesell-haft.

★ Alt-Schwabing (E B3)
Im alten Stadtteil Schwabing stehen noch viele schöne Häuser aus dem 19. Jh., u.a. Jugendstilvillen mit ihren Gärten (vor allem in der Ainmillerstraße, Friedrichstraße und der Clemensstraße). Hier wohnten Anfang des 20. Jh. berühmte Künstler wie Frank Wedekind, Ludwig Thoma, Thomas Mann (in der Franz-Joseph-Straße), Wassily Kandinsky, Paul Klee (Ainmillerstraße), Lenin (Kaiserstraße), aber auch Leo Trotzki oder Bertolt Brecht. An diese berühmten Bewohner erinnern heute viele Tafeln an den Häusern.

★ Schloss Suresnes (E C3)
In Erinnerung an die glücklichen Jahre im Exil auf dem Château de Suresnes in Frankreich ließ Kurfürst Max Emmanuel dieses kleine Palais 1718 nach seinem französischen Vorbild erbauen. Heute beherbergt es die Katholische Akademie und kann nicht besichtigt werden. Von der Werneckstraße aus kann man jedoch die schöne Barockfassade bewundern.

★ Englischer Garten (E D4)
Der riesige Park, die grüne Lunge Münchens, wurde nach den Vorbildern der Londoner Stadtparks im 19. Jh. angelegt. Das markante Wahrzeichen der Stadt ist 373 ha groß und besteht aus Rasenflächen, Wäldern, einem See, zwei Flüsschen, kilometerlangen Spazierwegen, einer chinesischen Pagode, zwei Biergärten und einem japanischen Teehaus. Hier fühlen sich die Münchner bei schönem Wetter am wohlsten.

★ Monopteros (E C5)
→ *Englischer Garten*
Die neoklassizistische Rotunde, die Leo von Klenze 1838 errichtete, steht auf einem kleinen Hügel im Englischen Garten. Von hier aus hat man einen schönen Blick auf die Altstadt!

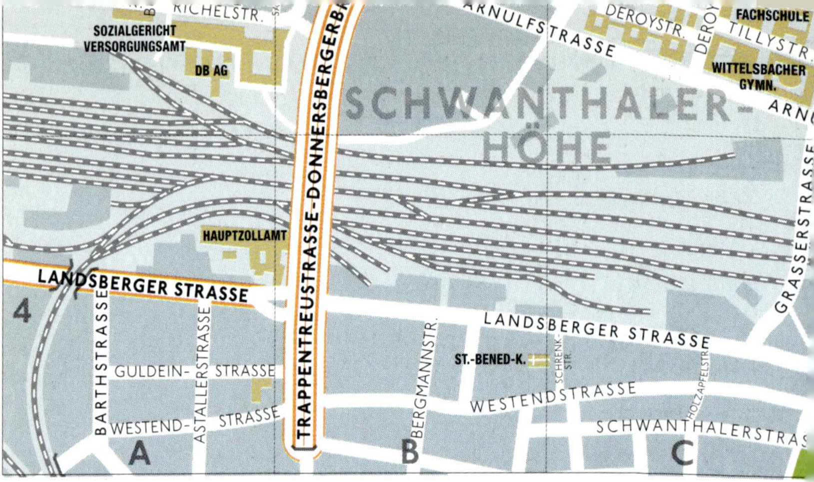

NEUE PINAKOTHEK

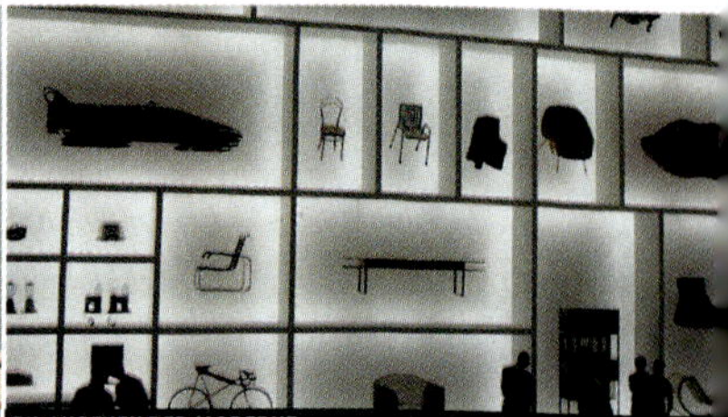

PINAKOTHEK DER MODERNE

★ Städtische Galerie im Lenbachhaus und Kunstbau (**F** E3)
→ *Luisenstraße 33, Tel. 23 33 20 00, Di–So 10–18 Uhr*
Ehemalige Residenz des Porträtmalers Franz von Lenbach (1836–1904); seinem Leben und Werk ist ein Teil des Museums gewidmet. Berühmt ist diese Villa im Neorenaissance-Stil jedoch wegen ihrer Sammlung von Bildern des »Blauen Reiter« von Kandinsky, Paul Klee, Franz Marc und anderen.

★ Königsplatz (**F** E3)
Das »Isar-Athen«, eine der Lieblingsideen des bayerischen Königs Ludwig I., ist am schönsten am Königsplatz mit seinen drei neoklassizistischen Bauwerken wahr geworden: mit der Glyptothek im ionischen Stil (1830), der Antikensammlung im korinthischen Stil (1848) und mit den Propyläen (1862), einem Nachbau des Portikus der Akropolis von Athen. Auf diesem Platz finden im Sommer große Kinoveranstaltungen, Theateraufführungen und Konzerte statt. Viele Besucher spielen jedoch lieber hinter der Glyptothek mit den großen Figuren Schach, statt die Museen zu besuchen.

★ Glyptothek (**F** F3)
→ *Königsplatz 3, Tel. 28 61 00, Di–So 10–17, Do bis 20 Uhr*
Griechische und römische Skulpturen sind hier durch kunstvolles Oberlicht in Szene gesetzt, darunter der Barberinische Faun, eine schlafende männliche Figur von 220 n. Chr. aus Rom. Sehenswert sind auch die 1811 in Griechenland ausgegrabenen Ägineten (5. Jh. v. Chr.) und die Porträtgalerien mit griechischen Philosophen und römischen Herrschern.

★ Staatliche Antikensammlungen (**F** E3)
→ *Königsplatz 1, Tel. 59 83 59, Di–So 10–17, Mi bis 20 Uhr*
Die Sammlung griechischer und römischer Antiken birgt wahre Schätze: Etruskischen und griechischen Goldschmuck, Keramik aus Griechenland, Amphoren, verzierte Bronzekessel; darunter auch 2000 Jahre alte chirurgische Instrumente!

★ Alte Pinakothek (**F** F3)
→ *Barer Straße 27, Tel. 23 80 52 16, Di–So 10–17, Do bis 22 Uhr*
In diesem Museum kann man bedeutende Werke d europäischen Malerei von den Alten Meistern (14. Jh. bis zu den Höhepunkten der Rokoko-Malerei (18. Jh bewundern, die nach Schu

STÄDTISCHE GALERIE IM LENBACHHAUS UND KUNSTBAU

KÖNIGSPLATZ

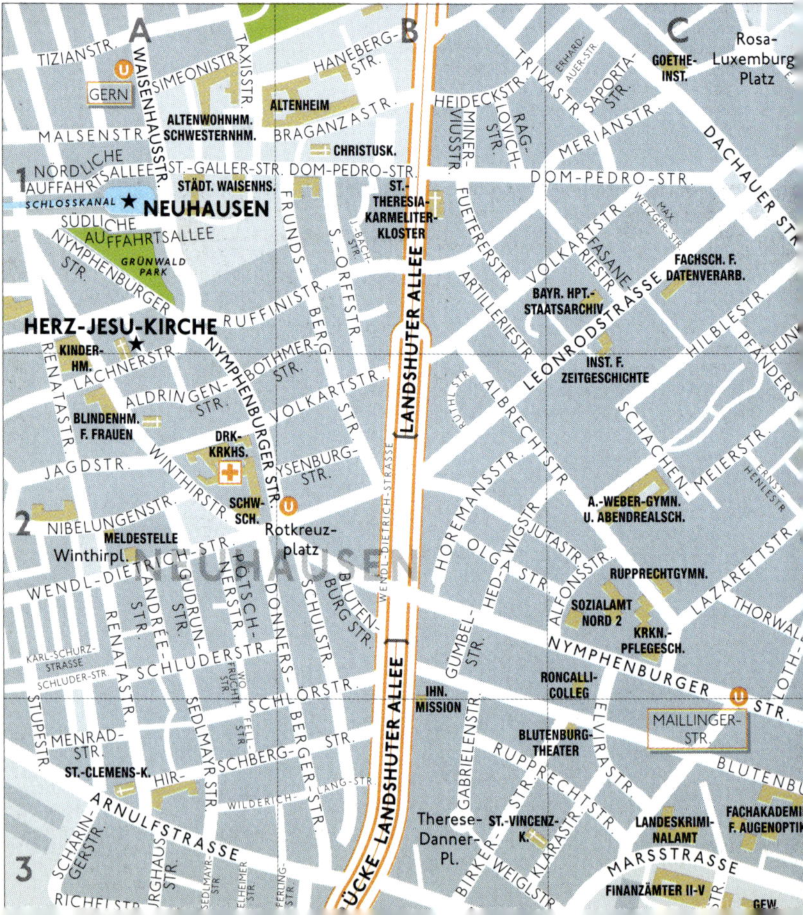

Mit den herrlichen Plätzen in der Maxvorstadt und ihren grandiosen Bauten, in denen heute meist Museen untergebracht sind, setzten sich die Könige von Bayern selbst ein Denkmal und unterstrichen damit ihren Machtanspruch. Im Nordwesten beginnt am Ende der prachtvoll angelegten Nymphenburger Straße der Stadtteil Neuhausen, der schon seit dem 14. Jh. besiedelt ist und um 1890 nach München eingemeindet wurde. In diesem weltoffenen Viertel findet man zahlreiche Restaurants, Nachtbars und Clubs. Weiter im Norden liegen die prächtigen Villen der Münchner Bürger, und vom Schlosskanal aus kann man schon von weitem das Schloss Nymphenburg sehen.

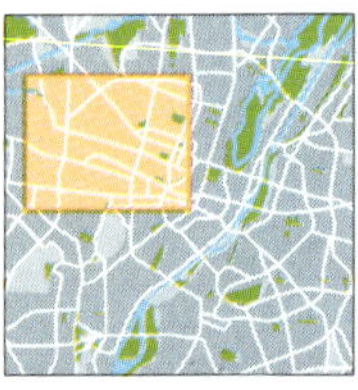

YSENEGGER

PARDI

Restaurants

Bodega Dalí (**F** F2)
→ *Tengstraße 6, Tel. 27 77 96 96, tägl. 17–1 Uhr*
In einem verwinkelten Keller liegt diese typisch spanische Taverne. Hier gibt es Tapas, Gambas und Tortillas und viele katalanische Spezialitäten, darunter die Fidena, eine Art Paella mit Nudeln und Aïoli, und Chorizo al diablo (flambierte spanische Würste). Dazu trinkt man *vino turbio* oder galizischen Wein, der in weißen Porzellanschalen serviert wird.
Gerichte 5,60–10,50 €.

Ysenegger (**F** B2)
→ *Ysenburgstraße 3, Tel. 16 27 91, tägl. 10–1 Uhr*
Eine ganz einfache Kneipe, in der man sich rundum wohlfühlt. Die Atmosphäre ist familiär und die Bedienung meist gut gelaunt. Wechselnde Speisekarte. Bei gutem Wetter kann man auch draußen essen.
Gerichte 6,90–11 €.

Grosswirt (**F** A2)
→ *Volkartstraße 2, Tel. 20 20 48 88, tägl. 10–24 Uhr*
Ein ganz altmodisches Wirtshaus, in dem kaum etwas modernisiert wurde: Nur die alten Tische, die im Laufe der Jahre von den Stammgästen blank poliert wurden, sind durch neue ersetzt worden. Aber das alte Flair ist geblieben. Exzellente bayerische Küche mit riesigen Portionen, wie es sich gehört.
Gerichte 7–12 €.

Pardi (**F** B2)
→ *Volkartstraße 24, Tel. 13 18 50, tägl. 9–1 Uhr*
Küche aus Anatolien mit leicht kurdischen Einflüssen. Auf der schönen Terrasse kann man einen Raki oder einen türkischen Kaffee trinken.
Gerichte 7–14,50 €.

Schmock (**F** E3)
→ *Augustenstraße 52, Tel. 52 35 05 35, tägl. 17–1 Uhr*
Hinter dem Tresen verbirgt sich ein elegantes israelisches Restaurant mit klassischem Taboulé und Houmous, aber auch mit Spezialitäten wie der Mumie, Rindfleisch, das – wie eine Mumie – um Kürbisstücke gerollt wird und mit Couscous, mit getrockneten Rosinen und Datteln serviert wird.
Gerichte 11–20 €.

Broeding (**F** B2)
→ *Schulstraße 9, Tel. 16 42 38, Di–Sa 19–24 Uhr*
In diesem Restaurant kommen Gourmets voll

RUFFINI

HERRMANNSDORFER

BRAUSESCHWEIN

auf ihre Kosten. Das Menü zum Probieren mit 4 bis 5 Gängen wechselt je nach Saison – und je nach Laune der Köche des Hauses. Ausgezeichnete österreichische Weine. Reservierung dringend empfohlen. Einheitsmenü 45 €, mit Käse 49 €.

Eisdielen, Cafés und Biergärten

Sarclettis Eis Ecke (**F** B2)
→ *Nymphenburger Str. 155, Tel. 15 53 14, tägl. 8–23 Uhr*
Das wohl beste Eis der Stadt ist das der Familie Sarcletti. 59 Sorten stehen zur Auswahl, Klassiker wie Schokolade, Erdbeer und Vanille und exotische Sorten wie Litschi-, Campari-Orangen-, Erdnuss-, Rhabarber- oder Champagnereis.

Ruffini (**F** B1)
→ *Orffstraße 22, Tel. 16 11 60, Di–So 10–24 Uhr*
Ein ökologisch geführtes Künstlercafé, das einem Kollektiv von 23 Leuten gehört. Auf dem Dach gibt es eine kleine Terrasse. Im Winter, wenn es draußen zu kalt wird, werden ab und zu im Café Konzerte, Kabarettabende und Ausstellungen veranstaltet.

Taxisgarten (**F** A1)
→ *Taxisstraße 12, Tel. 15 68 27, tägl. 11–22.30 Uhr*
Ein großer Biergarten in einer ruhigen Straße in Neuhausen, in dem man sich bei einer Maß Bier wie zu Hause fühlt. Zum Essen gibt es riesige Portionen Bratkartoffeln.

Löwenbräukeller (**F** E3)
→ *Nymphenburger Straße 2, Tel. 52 60 21, tägl. 9–1 Uhr*
Die einzige Brauerei Münchens, die ihr Bier noch in der Stadt braut (die Brauerei liegt etwas weiter oben, auf der anderen Straßenseite). Hier ist der ideale Ort für eine Brotzeit – eine Weißwurst mit süßem Senf, einer frischen Brez'n und einem echten Löwenbräu-Bier.

Bars

Froh und Munter (**F** B1)
→ *Artilleriestraße 5, Tel. 18 79 97, tägl. 18–1, Fr–Sa bis 3 Uhr*
Eine einfache Bar, in der viele Stammgäste aus dem Viertel ihr Weißbier trinken, die aber auch bei vielen Jugendlichen aus der alternativen Szene »in« geworden ist.

The Big Easy (**F** B1)
→ *Frundsbergstraße 46, Tel. 15 89 02 53, Mo–Fr 17–1, Sa–So 10–1 Uhr*
Hier fühlt man sich wie mitten in New Orleans: In dieser großen Bar dröhnt laut der Jazz. Kleine exotische Gerichte für den Hunger zwischendurch. Konzerte am Dienstagabend und am Wochenende von 10 bis 17 Uhr Frühstücks-Jazz.

Park Café Club (**F** E4)
→ *Sophienstraße 7, Tel. 59 83 13, Mi–Sa 23–5, Do bis 18 Uhr*
Ein untypischer Ort voller Geschichte, weil sich hier am liebsten die Anhänger der Nationalsozialisten amüsierten. Heute tanzt hier die vornehme Jugend der Stadt unter dem Kristalllüster zu Technomusik, und die schönen klassischen Säulen werden von Lasern angestrahlt.

Kino

Cinema (**F** D3)
→ *Nymphenburger Str. 31, Tel. 55 52 55*
Die Filme werden hier ausschließlich in ihrer Originalfassung gezeigt. Eine schöne Idee sind die Matineen, bei denen man während der Vorführung frühstücken kann. Montag und Dienstag ist Kinotag mit ermäßigtem Eintritt.

Einkaufen

Herrmannsdorfer (**F** A2)
→ *Nymphenburger Str. 187, Tel. 167 93 15, Mo–Sa 9–18.30, Sa bis 13 Uhr*
Hier stammen alle Produkte aus biologischem Anbau von einem 60 km entfernten Bauernhof: Obst und Gemüse, Käse, Wurstwaren und alle möglichen Brotsorten.

Himmelblau (**F** A2)
→ *Nymphenburger Str. 179, Tel. 16 23 08, Mo–Fr 10–13.30 und 15–19, Sa 10–15 Uhr*
Eine wahre Fundgrube mit allem, was man für seine Wohnung brauchen kann: Geschirr, Kerzen, Lampen, Teekannen und vielen anderen Dingen aus ganz Europa, die eine Wohnung schön und gemütlich machen.

Brauseschwein (**F** B1)
→ *Frundsbergstraße 52, Tel. 13 95 81 12, Di–Fr 10–13 und 15–18.30, Sa 11–14.30 Uhr*
Ein kunterbuntes Paradies für kleine und große Kinder: Lustige Lernspiele, Scherzartikel, Drachen, altes Spielzeug, Stofftiere und Süßwaren.

YPTOTHEK

STAATLICHE ANTIKENSAMMLUNGEN

ALTE PINAKOTHEK

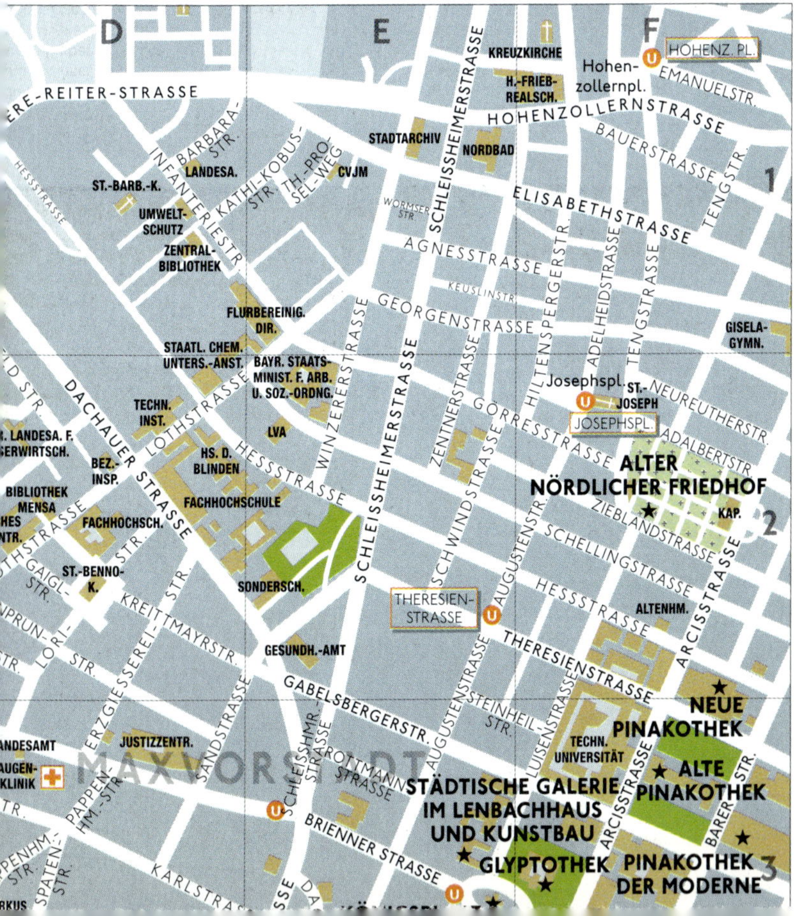

ALTER NÖRDLICHER FRIEDHOF

HERZ-JESU-KIRCHE

NEUHAUSEN

…n gehängt sind: Die Deut…hen (Dürer, Altdorfer), …liener (Botticelli, Leo…rdo da Vinci, Raffael), …men (Rubens), Nieder…nder (Frans Hals, Rem…andt), Franzosen (Char…n, Fragonard) und Spa…er (Velázquez, Murillo).

Neue Pinakothek (**F** F3)
Barer Straße 29,
… 23 80 51 95, Mo, Mi–So …–17, Do bis 22 Uhr
…chronologischer Reihen…ge findet man hier Meis…werke vom Ende des … Jh. bis zum Beginn des … Jh. Vertreten sind die …utsche Schule des … Jh., aber auch die Im…essionisten und Maler der Moderne, darunter Manet, Gauguin, Cézanne, Renoir, Monet und Van Gogh (seine berühmte *Vase mit Sonnenblumen*, 1888).

★ **Pinakothek der Moderne** (**F** F3)
→ *Barer Straße 40, Tel. 23 80 50, Di–So 10–17, Do, Fr bis 20 Uhr*
Als Ergänzung zu den beiden anderen Pinakotheken wurde dieses Haus im September 2002 eröffnet. Hier findet man auf 15 000 m² vier Sammlungen mit Kunst des 20. und 21. Jh. (Architektur, Grafik, Design und Kunst der Moderne), die in den hellen, puristisch ausgestatteten Räumen perfekt zur Geltung kommen: Surrealismus, Kubismus, Expressionismus bis hin zur Pop Art.

★ **Alter Nördlicher Friedhof** (**F** F2)
April–Aug. tägl. 6.30–19 Uhr, Sept. bis 18 Uhr, Okt.–März bis 17.30 Uhr
Alter Friedhof mit einzigartiger Stimmung, dessen Gräber oft schon mit Büschen zugewachsen sind. Erholsamer Ort für eine Pause nach den Museumsbesuchen.

★ **Herz-Jesu-Kirche** (**F** A1)
→ *Lachnerstraße 8*
Dieser lichtdurchflutete moderne Kirchenbau aus Stahl, Glas und Holz in Form eines Würfels mit seinem 14 m hohen Eingangsportal wurde erst im Jahr 2000 eingeweiht. Ein Werk der Architekten Sattler, Allmann und Wappner.

★ **Neuhausen** (**F** A1)
In diesem Stadtteil findet man in einem Gewirr von kleinen Straßen schöne, zum Teil auch ziemlich farbenfrohe Stadtvillen aus dem 19. Jh. mit Höfen und großen Gärten. Einen krassen Gegensatz dazu bilden die Sozialbauten von 1930 in der Wendl-Dietrich-Straße, die damals als fortschrittlich gerühmt wurden.

Züge

München Hauptbahnhof (**F** E4)
→ *Tel. 0180 5 99 66 33, Züge fahren von 6–23 Uhr*

Autoreisezug

DBAutoZug
→ *www.dbautozug.de*
Der Autozug – man reist im Liegewagen, das Auto reist im Zug mit – ist eine bequeme Alternative zur Anreise per Auto. München ist von vielen deutschen und ausländischen Städten auf diese Weise erreichbar. Die Autozüge verkehren vom Ostbahnhof.

HAUPTBAHNHOF

Öffentliche Verkehrsmittel

MVV
→ *Tel. 41 42 43 44, www.mvv-muenchen.de*
Zum Münchner Verkehrs- und Tarifverbund gehören alle öffentlichen Verkehrsmittel Münchens, S-Bahn, U-Bahn, Straßenbahnen (Tram) und Busse. Das Netz ist sehr gut ausgebaut und erstreckt sich weit ins Umland.

U-Bahn und S-Bahn
U-Bahn: Das Netz durchzieht vor allem den Stadtbereich (8 Linien). S-Bahn: Fährt bis weit hinaus ins Umland (9 Linien). Alle Linien führen auch durch das Stadtzentrum.

Tram und Busse
Tram (10 Linien) und Busse ergänzen das Netz der U- und S-Bahnen. Die meisten fahren auch zum Hauptbahnhof.

Nachtlinien
Einige Straßenbahnlinien (N17, N19, N20, N27) und Buslinien (N33, nur am Wochenende: N54, N68, N72, N81, N95) verkehren auch die ganze Nacht, während der Woche jede Stunde, Fr und Sa Abend alle 30 Min.

Fahrscheine
→ *Ein Streifen: 1 €, Streifenkarte mit 10 Streifen: 9 €, Tageskarte: 4,50 €, 3-Tages-Karte: 11 €. Es gibt auch Wochen- und Monatskarten.*
Die Fahrscheine gelten für das gesamte Netz mit 16 Tarifzonen. Die vier ersten Zonen bedecken den Stadtkern Münchens. Erhältlich an allen Fahrkartenautomaten (nur wenige Fahrkartenschalter).

Bis 65 €

Hotel-Pension Theresia-Regina (**F** F3)
→ *Luisenstraße 51, Tel. 52 12 50*
In einem Gebäude in der Nähe der Museen: 28 gepflegt eingerichtete, freundliche Zimmer. 46–64 €.

Hotel Eder (**F** E4)
→ *Zweigstraße 8, Tel. 55 46 60*
Kleines Hotel gleich neben dem Hauptbahnhof mit hübscher Veranda. In zwei Gebäuden, einem barocken und einem modernen. 57 €.

Hotel-Pension am Siegestor (**E** B5)
→ *Akademiestraße 5, Tel. 39 95 50*
Freundliche Hotelpension gegenüber der Akademie der Schönen Künste, geführt von den bezaubernden Damen Michaela und Monika. 20 große Zimmer, aber mit Bad und WC auf dem Gang. Das ganze Jahr über konstante Preise. 57–65 €.

Pension Luna (**C** D1)
→ *Landwehrstraße 5, Tel. 59 78 33*
Eine kleine, familiär geführte Pension in einem Innenhof mit sehr freundlicher Atmosphäre. 16 ganz verschieden eingerichtete Zimmer. 59 €.

Pension Geiger (**F** E3)
→ *Steinheilstraße 1, Tel. 52 15 56*
Eine Pension mit ordentlichen Zimmern und freundlichem Service in einer ruhigen Seitenstraße. 60 €.

65–90 €

Hotel-Pension Beck (**D** A4)
→ *Thierschstraße 36, Tel. 22 57 68*
Hinter der großen, knallgelben Eingangstüre wird man von zwitschernden Kanarienvögeln empfangen. Sehr große Zimmer, jedes mit Fernseher. Im Lehel. 69–75 €.

Pension Westfalia (**C** C2)
→ *Mozartstraße 23, Tel. 53 03 77*
Hier fühlt man sich wie zu Hause oder wie bei guten Freunden. Die Einrichtung ist ein bisschen altmodisch, aber das Hotel liegt günstig direkt gegenüber der Theresienwiese. 65–80 €.

Hotel Atlanta (**B** B2)
→ *Sendlinger Straße 58, Tel. 26 36 05*
Ein kleines, einfaches Hotel mit 20 hellen, neu eingerichteten Zimmern. Hervorragendes Preis-Leistungs-Verhältnis und nur 5 Minuten vom Marienplatz entfernt. 70–90 €.

Uhland (**C** C1)
→ *Uhlandstraße 1, Tel. 54 33 50*
Ein schönes, altes Haus mit freundlicher, familiärer Atmosphäre. Fragen Sie nach einem Zimmer zur Straße, weil die Zimmer zum Hinterhof sehr laut sind. 77–82 €.

Flughafen

Flughafen München (Franz-Josef-Strauß)
→ *Tel. 975 00*
32 km nordöstlich von München.
Verbindungen ins Stadtzentrum
S-Bahn
→ *Tägl. 4–0.30 Uhr, Fahrpreis 8 €, jede der beiden Linien alle 20 Min., Fahrzeit ca. 40 Min.*
Linien S1 oder S8.
Taxi
→ *Fahrpreis 40–50 €, Fahrzeit 30–40 Min., je nach Verkehr*
Bus der Lufthansa
Tägl. 7–20 Uhr, alle 20 Min.
Fährt vom Flughafen zum Hauptbahnhof.

WICHTIGE STRASSENVERBINDUNGEN

Falls nicht anders angegeben, gelten die im Folgenden ausgewiesenen Preise für ein Doppelzimmer mit Bad (inkl. Frühstück) während der Nebensaison. Die Zimmerpreise steigen während bestimmter Veranstaltungen und Messen beträchtlich an. Während des Oktoberfestes verdoppeln sich die Zimmerpreise und sind schon 6 Monate im Voraus ausgebucht (einige Pensionen ausgenommen). In den übrigen Zeiten empfiehlt es sich, die Zimmer einige Wochen im Voraus zu reservieren. In Pensionen und kleineren Hotels werden keine Kreditkarten angenommen.

Campingplätze

Campingplatz München-Thalkirchen
→ *Zentralländstraße 49, Tel. 723 17 07. U-Bahn 3 (Haltestelle Thalkirchen). März–Nov.*
Am Isarufer, gegenüber dem Tierpark. Idyllisch! 5–10 € (ohne Frühstück).

Jugendlager am Kapuziner Hölzl (Das Zelt)
→ *Franz-Schrank-Straße 18, Tel. 141 43 00. Tram 17 (Haltestelle Botanischer Garten). Juni–Sept.*
Riesiges Zeltlager (mit Matratzenverleih) in einem Park in der Nähe des Schlosses Nymphenburg. Hier trifft man Jugendliche aus der ganzen Welt. Man kann auch sein eigenes Zelt aufstellen. Ziemlich einfach, ohne Privatsphäre, aber sehr billig. 8 €/Pers.

Wohnungsvermittlung

Home Company (**E** C2)
→ *Germaniastraße 20, Tel. 194 45, www.homecompany.de*
Große zentrale Wohnungsvermittlung; vermietet möblierte Zimmer, Apartments und Häuser, kurz- und langfristig (für einen Tag bis zu mehreren Monaten). Meist viel günstiger als Hotels.

Mitwohnzentrale an der Uni (**E** B5)
→ *Adalbertstraße 6, Tel. 286 60 60, www.mwz-munich.de*
Die Zentrale der Universität vermittelt Wohnungen im ganzen Stadtgebiet (möblierte Zimmer bis zu 3-Zimmer-Wohnungen), auch an Nicht-Studenten. Erschwingliche Preise.

Jugendherbergen

Jugendherberge München-Neuhausen (**F** A2)
→ *Wendl-Dietrich-Straße 20, Tel. 89 13 11 56*
Offizielle Jugendherberge (für Jugendliche bis 27 Jahre mit internationalem Jugendherbergsausweis). 385 Betten, ein großer Schlafsaal, Doppel-, 4- und 6-Bett-Zimmer. Die Zimmer im Rückgebäude sind ruhiger. 22,10 €/Pers.

Euro Youth Hotel (**F** E4)
→ *Senefelderstraße 5, Tel. 599 08 80*
Schlafräume mit 3, 4 oder 5 Betten, groß und sehr sauber. Privat geführte Herberge, keine Altersbegrenzung. Frühstück 4,90 €. Schlafplatz 23 €/Pers.

4 You München (**F** E4)
→ *Hirtenstraße 18, Tel. 552 16 60*
Ökologisch eingerichtete Jugendherberge: 195 Betten in ganz mit Holz ausgestatteten Räumen. Die beiden obersten Stockwerke werden als Hotel geführt, deshalb sind sie teurer. Schlafplatz 16,50 €/Pers., Doppelzimmer 24 €/Pers. (jeweils ohne Frühstück).

Nahverkehr und Hotels

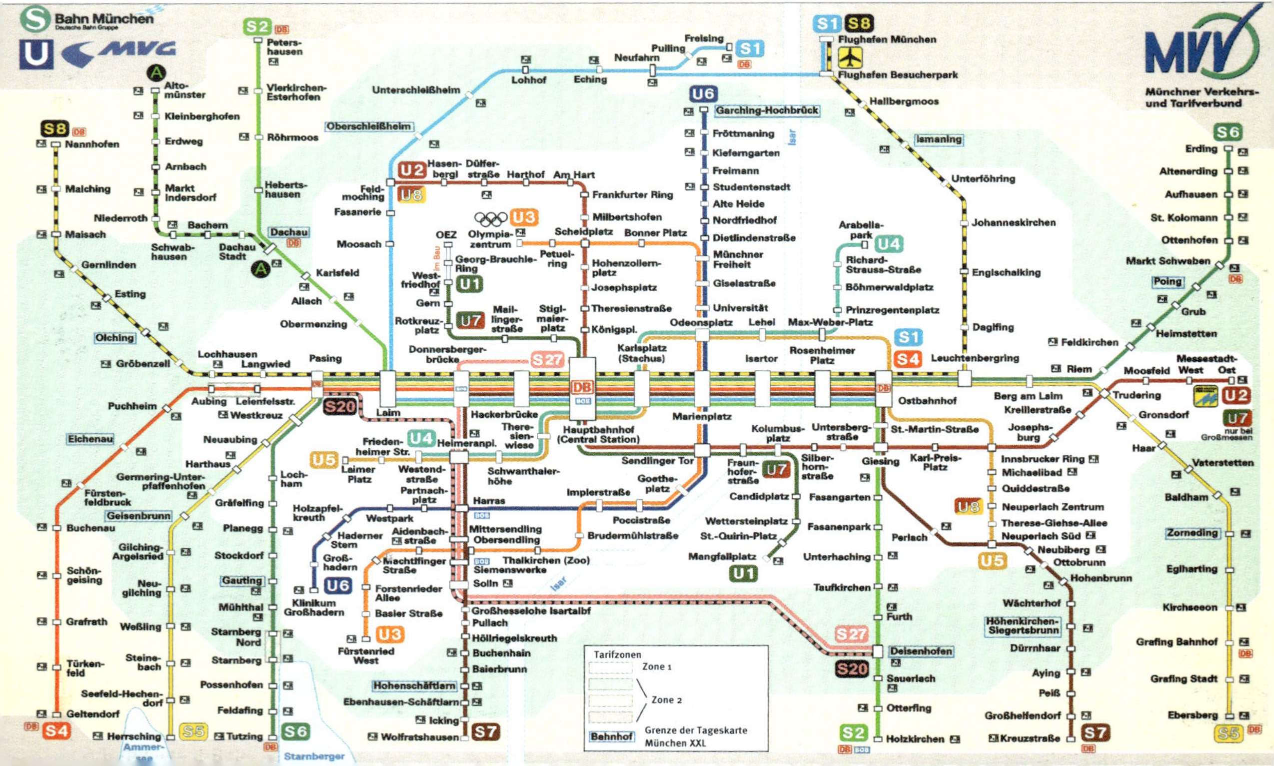

EINE ALTERNATIVE: MÜNCHEN MIT DEM FAHRRAD

Hotel am Viktualienmarkt (**B** D3)
→ *Utzschneiderstraße 14, Tel. 231 10 90*
Das stilvolle Hotel mit sauberen und hellen Zimmern, direkt am Viktualienmarkt gelegen, wird vom überaus freundlichen Norbert Koester geführt. Im kleinen Garten im Innenhof kann man im Sommer ein Glas Wein trinken, im hauseigenen Bistro wird gefrühstückt. 99 €.

Hotel Acanthus (**B** B3)
→ *An der Hauptfeuerwache 14, Tel. 23 18 80*
Ein Hotel mit Charakter, mit Zimmern in zweierlei Stilrichtungen: die Rustikana sind modern eingerichtet, die Albarose sind verschwenderisch im englischen Stil gehalten. Aus der Suite im 7. Stock hat man einen schönen Blick auf die Dächer der Stadt. 90–105 €.

110–210 €

Advokat (**C** F1)
→ *Baaderstraße 1, Tel. 21 63 10*
Hier kümmert man sich auch um die allerkleinsten Details: ein Stück Obst, ein Stück Schokolade oder einen Band mit Gedichten von Goethe, die jeden Tag in den Zimmern neu arrangiert werden. 3-Sterne-Haus. 145 €.

Platzl Hotel (**B** E1)
→ *Sparkassenstraße 10, Tel. 23 70 30*
167 luxuriös eingerichtete Zimmer mit exklusivem bayerischem Ambiente, mitten im Herzen der Stadt gegenüber vom Hofbräuhaus. 168 €.

Hotel Excelsior (**F** E4)
→ *Schützenstraße 11, Tel. 55 13 70*
Ein Luxushotel mit gedämpfter Atmosphäre im sonst eher lauten Bahnhofsviertel. Große Zimmer, Friseur im Haus und Babysitter-Service. 190–210 €.

Palasthotels

Hotel Mandarin Oriental (**A** E4)
→ *Neuturmstraße 1, Tel. 29 09 80*
Ein traumhaft schönes, elegantes und vornehmes Hotel! Von der Dachterrasse (mit Swimmingpool!) aus hat man einen herrlichen Blick auf die Stadt. 330–420 €.

Kempinski Vier Jahreszeiten München (**A** E3)
→ *Maximilianstraße 17, Tel. 212 50*
Münchens prächtigstes Hotel liegt an der Maximilianstraße in einem klassizistischen Gebäude von 1854. An der Bar in der Rezeption kann man vielleicht einige seiner berühmten Gäste sehen. 345–495 €.

Fahrräder

Das beste Verkehrsmittel, um rasch vorwärts zu kommen und dabei die Schönheiten der Stadt zu entdecken, vor allem in der überfüllten Innenstadt: In München gibt es 1100 km Radwege. Wegen des Verkehrs sollte man jedoch viel befahrene Straßen meiden.

Fahrradverleih

Radius Bikes (**F** E4)
→ *Hauptbahnhof, Tel. 59 61 13, Mai–Mitte Okt. tägl. 10–18 Uhr*
Im Hauptbahnhof. Je länger man ein Rad mietet, desto geringer ist die Tagesmiete. Ab 14 € pro Tag.

Spurwechsel (**D** B4)
→ *Steinstraße 3, Tel. 692 46 99*
Verliehen werden Fahrräder (12,50 € pro Tag) und Roller (6 € pro Tag). Angeboten werden auch Fahrradtouren und thematische Führungen (über Natur, Geschichte, Bier etc.).

Taxis, Mietwagen

Taxis
→ *Tel. 216 10 oder 194 10*
Erkennbar an der beigegelben Farbe. Taxi-Stationen im Stadtzentrum.

Mietwagen
Im Stadtzentrum herrscht immer dichter Verkehr. Parkplätze sind Mangelware.

Fußgänger

Die Münchner achten peinlich genau auf rote Fußgängerampeln und überqueren die Straße nur bei Grün.

Tram

Tramnetz München
Munich tram network

TRAMBAHN

München Welcome Card

→ *Tageskarte: 6,50 €; Karte für 3 Tage: 15,50 €*
Erhältlich beim Fremdenverkehrsamt, gültig für das ganze Netz des Regionalverkehrs (Zonen 1–4). Mit der Karte erhält man auch um bis zu 50% ermäßigte Eintrittskarten bei 38 Museen und touristischen Attraktionen.

Hotel-Pension Utzelmann (**C** D1)
→ *Pettenkoferstraße 6, Tel. 59 48 89*
Ein typisches Alt-Münchner Haus mit einem Dutzend großer, verschieden eingerichteter und teilweise kitschig ausgestatteter Zimmer. Sehr ruhig. 85 €.

Gästehaus Englischer Garten (**E** D3)
→ *Liebergesellstraße 8, Tel. 383 94 10*
Ein wirkliches Gästehaus, geführt von Roselinde Zankl. Zwölf schön eingerichtete Zimmer, in idyllischer Umgebung am Englischen Garten gelegen, mit einer hübschen Terrasse, auf der man im Sommer dem Plätschern des nahen Baches lauschen kann. Sehr ländlich. Roselinde vermietet ganz in der Nähe auch möblierte Wohnungen. 88 €.

Pension Seibel (**B** D3)
→ *Reichenbachstraße 8, Tel. 231 91 80*
Die kleine, charmant eingerichtete Pension hat eine ideale Lage in der Nähe des Viktualienmarktes. Der freundliche Besitzer Maurice aus Lyon vermietet hier 10 angenehme, bayerisch eingerichtete Zimmer. 89 €.

90–110 €

Pension am Gärtnerplatztheater (**B** D4)
→ *Klenzestraße 45, Tel. 202 51 70*
Eine familiär geführte Pension mit zehn extravagant gestalteten Zimmern, so extravagant wie der Besitzer. Besonders sehenswert: Zimmer Nr. 7 ist im Stil Ludwigs II., des bayerischen Märchenkönigs, eingerichtet. Nr. 10 hat ein romantisches altes Baldachinbett, und Nr. 8 ist im Stil der Kaiserin Sissi ausgestattet. Sehenswert ist auch der Frühstücksraum voller kitschiger Erinnerungsstücke, allen voran der Stolz des Hauses, das Klavier aus dem Jahre 1780. 90 €.

Hotel Alcron (**A** E4)
→ *Ledererstraße 13, Tel. 228 35 11*
Zweckmäßig und sauber eingerichtete Zimmer, ideal im Herzen der Altstadt gelegen. 90 €.

Hotel St. Paul (**C** C1)
→ *St.-Paul-Straße 7, Tel. 54 40 78 00*
Helle Zimmer, entweder mit Blick auf einen kleinen Garten im Hof oder hinaus auf die Theresienwiese und die St.-Paulskirche. Zu Messezeiten meist ausgebucht. 92 €.

Deutsche Eiche (**B** D3)
→ *Reichenbachstraße 13, Tel. 231 16 60*
Das bekannte Münchner Hotel für Homosexuelle: 26 Zimmer mit allem Komfort und einer Sauna, die auch Gästen zur Verfügung steht, die nicht im Hotel wohnen. 92 €.

Hotel am Markt (**B** D2)
→ *Heiliggeiststraße 6, Tel. 22 50 14*
Gleich hinter dem Viktualienmarkt liegt dieses ruhige Hotel mit schlichten Zimmern, das sehr gern von Musikern auf Tournee aufgesucht wird. Im Speisesaal spielen die Gäste oft am Klavier. 92 €.

Hotel Nymphenburg (**F** B2)
→ *Nymphenburger Str. 141, Tel. 121 59 70*
Dieses klassische 3-Sterne-Hotel im Stadtteil Neuhausen besitzt sehr heiter und farbenfroh eingerichtete Zimmer. 93 €.

Occam Hotel (**E** C3)
→ *Occamstraße 7, Tel. 33 25 11*
Das Hotel liegt mitten im alten Künstlerviertel Schwabing. Jedes der 25 Zimmer ist einem berühmten Maler gewidmet: Klee, Picasso, Kandinsky, Cézanne, Lacroix, Miró… Herzliche, familiäre Atmosphäre. 95–110 €.

Die Buchstaben **(A, B, C...)** beziehen sich auf die entsprechenden Kapitel im Buch. Die folgenden Buchstaben und Zahlen verweisen auf das Planquadrat in der entsprechenden Karte. Die Straßennamen und die Namen der Sehenswürdigkeiten sind alphabetisch angeordnet.

Straßen